Les Éditions du Boréal
4447, rue Saint-Denis
Montréal (Québec) H2J 2L2
www.editionsboreal.qc.ca

Suzuki : le guide vert

ŒUVRES DE DAVID SUZUKI EN LANGUE FRANÇAISE

L'Équilibre sacré. Redécouvrir sa place dans la nature (en collaboration avec Amanda McConnell et Adrienne Mason), Boréal, 2007.

Enfin de bonnes nouvelles, mille et un moyens d'aider la planète (en collaboration avec Holly Dressel), Boréal, 2007.

Ma vie, Boréal, 2006 ; coll. « Boréal compact », 2007.

L'Arbre, une vie (en collaboration avec Wayne Grady), illustrations de Robert Bateman, Boréal, 2005.

La Sagesse des anciens (en collaboration avec Peter Knudtson), Éditions du Rocher, 1996.

En route vers l'an 2040, un portrait saisissant de l'état actuel de notre planète et des illusions qui menacent notre avenir (en collaboration avec Anita Gordon), Libre expression, 1993.

POUR ENFANTS

Écolo-jeux (en collaboration avec Kathy Vanderlinden), Trécarré, 2001.

David Suzuki et David R. Boyd

Suzuki : le guide vert

Comment réduire votre empreinte écologique

traduit de l'anglais (Canada)
par Serge Paquin

Boréal

Les Éditions du Boréal reconnaissent l'aide financière du gouvernement du Canada
par l'entremise du Programme d'aide au développement de l'industrie
de l'édition (PADIÉ) pour ses activités d'édition et remercient
le Conseil des Arts du Canada pour son soutien financier.

Les Éditions du Boréal sont inscrites au Programme d'aide aux entreprises du livre
et de l'édition spécialisée de la SODEC et bénéficient du Programme
de crédit d'impôt pour l'édition de livres du gouvernement du Québec.

Design de la couverture : Christine Lajeunesse
Illustration de la couverture : Drx, Dreamstime.com

Diffusion au Canada : Dimedia

L'édition originale de cet ouvrage a été publiée en 2008 par Greystone Books
sous le titre *David Suzuki's Green Guide*

*Catalogage avant publication de Bibliothèque et Archives nationales du Québec
et Bibliothèque et Archives Canada*

Suzuki, David, 1936-

Suzuki : le guide vert : comment réduire votre empreinte écologique.

Traduction de : David Suzuki's Green Guide.

Comprend des réf. bibliogr.

ISBN 978-2-7646-0631-5

1. Environnement – Protection – Participation des citoyens. 2. Style de vie durable. 3. Produits écologiques. I. Boyd, David, R. (David Richard). II. Titre.

TD171.7.Z9914   2008   363.7'0525   c2008-942000-4

Ce livre est dédié à toutes les personnes qui se préoc-
cupent de l'avenir de la planète et qui se sont déjà
demandé : « Qu'est-ce que je peux faire ? »

Sommaire

CHAPITRE 1

Ralliez-vous à la révolution durable

> *L'imagination est plus importante*
> *que le savoir.*
>
> ALBERT EINSTEIN

« Qu'est-ce que je peux faire ? » Voilà la question incontournable pour toutes les personnes sensibles aux problèmes écologiques actuels, qu'il s'agisse des changements climatiques, du déclin de la biodiversité ou des différentes sources de pollution. La question est simple, mais pas la réponse, et c'est pourquoi nous avons écrit ce livre. Tout ce que nous faisons a des répercussions, mais certains choix et gestes sont clairement plus importants que d'autres. Nous voulons presque tous et toutes faire notre part en faveur de l'environnement, sauf que peu d'entre nous ont le temps ou les connaissances spécialisées nécessaires pour procéder à un tri pertinent parmi la masse d'informations concernant les choix les plus écologiques.

La confusion peut s'installer dans les esprits lorsque des médias rapportent que :

- il n'y a toujours pas de consensus parmi les scientifiques au sujet des causes des changements climatiques (c'est faux) ;
- il est plus écologique d'aller faire ses achats en voiture qu'à pied (c'est faux) ;
- il est tout aussi approprié d'acheter un Hummer énergivore qu'une Toyota Prius hybride à la consommation d'essence très modeste (c'est ridicule !).

Ce livre a pour objectif de dissiper le brouillard entourant ces questions, d'identifier les mesures les plus importantes que nous pouvons prendre et d'indiquer les meilleurs moyens de les mettre en œuvre. Le savoir allié à la motivation donne souvent de bons résultats.

L'empreinte écologique

Nombreux sont les Nord-Américains accaparés par les vicissitudes du quotidien pour qui l'état actuel du climat, des océans, des forêts, des sols, des fleuves, de la faune et des zones humides ne semble pas revêtir une grande importance. Pourtant, la dépendance des êtres humains envers la nature — pour assurer leur santé, leur bien-être et leur prospérité — n'en demeure pas moins une réalité biologique fondamentale. Tous les êtres humains doivent respirer, manger et boire pour survivre, et c'est la nature qui nous procure l'air frais, l'eau douce ainsi que la possibilité de pratiquer l'agriculture. De même, un climat raisonnablement favorable est indispensable à la vie humaine, et c'est l'ensemble des écosystèmes naturels qui régularisent les climats dans le monde et rendent possible la vie sur la Terre.

À titre d'exemple de cette dépendance, on peut mentionner que les insectes sont essentiels à la pollinisation des cultures vivrières. Autrefois, les peuples autochtones comptaient exclusivement sur l'action des espèces sauvages pour assurer la pollinisation. Aujourd'hui, par contre, ce sont des abeilles d'origine européenne qui effectuent la pollinisation d'un tiers des cultures vivrières que consomment les Nord-Américains. Ces cultures (amandes, soya, pommes, fraises, etc.) ont une valeur marchande d'environ 15 milliards de dollars. Cependant, de 1971 à 2006, divers problèmes écologiques, comme l'apparition de mites parasites, ont entraîné la destruction de 50 % des colonies d'abeilles. Ces abeilles subissent actuellement un nouveau déclin brutal de leur population, nommé « syndrome d'effondrement des colonies », qui a entraîné la perte de 30 à 70 %

des colonies restantes. La cause du problème n'a pas été établie avec certitude, mais diverses perturbations d'origine humaine sont fortement suspectées. Les abeilles d'origine nord-américaine également connaissent une baisse générale de leurs populations. Il y a plusieurs dizaines d'années, Albert Einstein aurait lancé l'avertissement suivant : « Si les abeilles venaient à disparaître de la surface de la terre, les êtres humains n'y survivraient pas plus de quatre ans. S'il n'y avait plus d'abeilles, il n'y aurait plus

• •

L'empreinte écologique d'une pomme

Prenons deux pommes apparemment similaires. La première a poussé dans votre cour et n'a eu besoin que de la lumière du soleil, du compost et de la pluie pour mûrir. Elle a évité les maladies et les parasites par des moyens naturels. Une fois la pomme mûre, vous l'avez cueillie et mangée, telle quelle ou en tarte. L'autre pomme a poussé dans un verger en pays étranger. Elle provient d'un pommier planté dans un sol ayant nécessité l'emploi d'engrais chimiques et des travaux d'irrigation pour assurer la croissance de l'arbre. On a procédé à l'épandage de pesticides dérivés de combustibles fossiles pour lutter contre les maladies et les parasites. On a recouru à de grosses machines agricoles mues par du diesel polluant et on a fait appel à des travailleurs migrants. La pomme a été cirée, emballée et envoyée des milliers de kilomètres plus loin (ce qui a nécessité encore de l'énergie et produit davantage d'émissions de gaz) pour arriver dans votre pays. Elle a ensuite été transportée par camion jusqu'à un centre de distribution, puis à un commerce de détail. Pendant tout le transport, elle a dû être réfrigérée pour bien se conserver, ce qui a encore exigé l'emploi d'énergie. Vous vous êtes rendu au magasin pour acheter des produits alimentaires et avez ensuite regagné votre domicile, où vous avez mangé cette deuxième pomme, nettement moins savoureuse. Il est clair qu'une pomme d'origine locale nécessite moins de ressources pour croître et être récoltée, transportée et entreposée. Puisque sa croissance exige un moindre apport d'énergie, elle engendre moins de pollution. Bref, l'empreinte écologique de la pomme d'origine locale est beaucoup moins grande que celle de la pomme importée.

• •

de pollinisation, ni de plantes, ni d'animaux, ni d'êtres humains. » À l'heure actuelle, il n'existe toujours pas de technologie pouvant remplacer la pollinisation par les insectes.

Si les actions individuelles, considérées isolément, peuvent sembler insignifiantes, l'effet cumulatif de ces gestes s'avère toutefois gigantesque. Des scientifiques de l'Université de la Colombie-Britannique ont proposé le concept d'« empreinte écologique » dans le but d'illustrer les liens entre actions individuelles et conséquences globales. L'empreinte écologique sert à mesurer le volume des éléments de la planète qu'il faut mobiliser pour la production des ressources destinées à une personne pendant une année et pour la récupération de ses déchets. Elle englobe la quantité de terre et d'eau requise pour la production des cultures vivrières, du bétail, du poisson, du bois et de l'énergie, d'une part, ainsi que les surfaces nécessaires à l'absorption du dioxyde de carbone issu de la consommation des combustibles fossiles. La grandeur de notre empreinte écologique est fonction du lieu habité, de la nourriture consommée, des moyens de transport utilisés et des autres modes de consommation de l'énergie et des ressources. Les personnes souhaitant mesurer leur empreinte écologique peuvent consulter le site *www.myfootprint.org/fr*

Dans l'ensemble, l'empreinte écologique moyenne de toute l'humanité est de 2,2 hectares par personne, compte tenu des larges écarts entre les pays et au sein même de chaque pays *(voir le tableau 1)*. Ce nombre apparemment peu élevé peut laisser croire que la situation actuelle n'est pas

Tableau 1. Empreinte écologique moyenne par habitant (en hectares)	
États-Unis	9,6
Canada	7,6
Australie	6,6
Royaume-Uni	5,6
France	5,6
Europe (les 25 pays membres de l'UE)	4,8
Moyen-Orient et Asie centrale	2,2
Amérique latine	2,0
Chine	1,6
Asie-Pacifique	1,3
Afrique	1,1
Moyenne mondiale	**2,2**

problématique (un hectare représente une surface carrée dont chaque côté est à peu près de la longueur d'un terrain de football). Il faut cependant se rappeler que la Terre comporte une quantité limitée de surfaces biologiquement productives : terres arables, pâturages, forêts, lacs, fleuves, zones humides et océans. Étant donné la population humaine actuelle sur la planète, soit 6,5 milliards de personnes, la surface productive disponible n'est que de 1,8 hectare par personne. Le résultat net est que l'empreinte écologique de l'humanité excède de 25 % le rendement maximal total de la Terre. La remarquable capacité de régénération de la Terre ne suffit plus à satisfaire les besoins de l'humanité. Les populations transforment les ressources en déchets plus rapidement que la nature ne parvient à effectuer la transformation en sens inverse. Elles ne vivent plus du surplus annuel issu de l'abondance des biens sur terre, mais accumulent plutôt un déficit écologique et grugent sans cesse davantage le capital naturel de la planète.

Lorsqu'on s'arrête à l'Amérique du Nord, le problème devient plus grave. Les États-Uniens produisent la deuxième empreinte écologique du monde (derrière celle des Émirats arabes unis), avec une moyenne de 9,6 hectares par personne, soit l'équivalent d'une vingtaine de terrains de football. L'empreinte écologique des Canadiens vient au troisième rang, avec une moyenne de 7,6 hectares par personne, et celle des Australiens au sixième rang, avec 6,6 hectares. Si tous les habitants de la planète consommaient des ressources et produisaient des déchets au même rythme que les Nord-Américains et les Australiens, il faudrait disposer de trois ou quatre planètes Terre supplémentaires.

L'empreinte écologique moyenne dans l'Union européenne est de 4,8 hectares par personne, soit la moitié de la moyenne aux États-Unis. Pourtant, la prospérité économique est similaire dans ces deux parties du globe. Les Européens offrent au reste du monde un bon exemple de mode de vie plus durable, avec leurs vastes réseaux de transport en commun, leurs petits véhicules, leurs villes moins étalées, leurs édifices, appareils électroménagers et systèmes de chauffage bien conçus, leur réglementation rigoureuse concernant les produits toxiques et leurs efforts soutenus pour réduire la pollution de l'air et de l'eau. Mais même l'empreinte éco-logique des Européens n'est pas viable à plus long terme et a de fortes répercussions écologiques *(voir les graphiques)*.

Malgré l'actuelle montée en puissance du mouvement écologiste, l'énorme taille de la population mondiale et son appétit collectif de res-sources ont pour corollaire que l'impact écologique humain pourrait bien

**Comparaison entre différents impacts écologiques,
sur une base annuelle**

Consommation d'électricité moyenne par habitant (en kilowatts-heures)

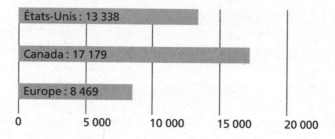

Consommation d'eau moyenne par habitant (en mètres cubes)

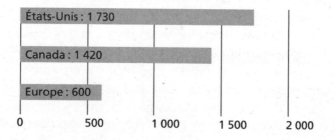

augmenter au cours des prochaines décennies. La croissance économique et démographique est susceptible d'aggraver encore les problèmes écologiques dans le monde. De ce point de vue, il est clairement impérieux de réduire l'empreinte écologique des populations vivant dans les pays riches industrialisés. Une diminution d'au moins 75 % de l'empreinte écologique des Nord-Américains, qui ramènerait celle-ci à moins de 2 hectares

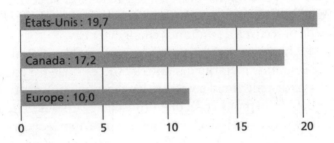

Production moyenne de dioxyde de carbone résultant de la consommation d'énergie par habitant (en tonnes)

États-Unis : 19,7

Canada : 17,2

Europe : 10,0

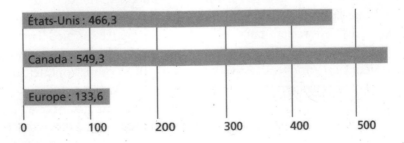

Production moyenne d'agents de pollution de l'air (dioxyde de soufre, oxydes d'azote, carbone organique volatil et monoxyde de carbone) par habitant (en kilogrammes)

États-Unis : 466,3

Canada : 549,3

Europe : 133,6

par personne, est indispensable pour assurer un avenir viable. Cette diminution est d'ailleurs analogue à la réduction des gaz à effet de serre
(de 60 à 80 %) que les scientifiques estiment nécessaire, d'ici 2050,
pour éviter de déclencher des changements climatiques catastrophiques.

Imaginer un avenir viable

Nous nous trouvons à un point tournant de l'histoire de l'humanité. À
l'exception d'une guerre nucléaire, il n'est jamais apparu une menace plus
grave, pour les générations futures, que l'actuelle crise écologique mondiale. Paradoxalement, il ne s'est jamais présenté non plus une meilleure
occasion de procéder à de profonds changements.

Les êtres humains sont des animaux remarquables. Le trait qui les distingue de la grande majorité des autres espèces sur terre est sans doute
leur capacité de réfléchir, d'envisager les répercussions des options possibles, de définir un projet et d'agir en conséquence. Pour s'en convaincre,
il suffit de remonter à 1957, lorsque le monde a appris avec stupéfaction
que l'Union soviétique venait de procéder avec succès au lancement de
Spoutnik, le premier satellite envoyé en orbite autour de la Terre. Les
États-Unis se sont empressés de lancer leurs propres satellites, mais toutes
les premières tentatives se sont soldées par autant d'explosions spectaculaires sur le pas de tir ou peu après le décollage. Les Soviétiques ont ensuite
mis en orbite le premier animal, une chienne dénommée Laïka, le premier être humain, Iouri Gagarine, la première équipe de cosmonautes
ainsi que la première femme, Valentina Terechkova, pendant que les
États-Unis s'efforçaient tant bien que mal de mettre sur pied leur propre
programme spatial. Personne n'a alors prétendu que les États-Unis
n'avaient pas les moyens de rivaliser avec l'URSS pour la conquête de l'espace et qu'ils verraient leur économie s'effondrer, si bien que l'agence spa-
tiale des États-Unis (NASA) a été constituée. Reconnaissant que l'Union
soviétique avait fait de grands progrès en mathématiques, en sciences, en

génie et en médecine, les États-Unis ont consacré d'énormes budgets au développement des sciences. Puis, le président John F. Kennedy a prononcé son célèbre discours dans lequel il a prédit que les États-Unis marcheraient sur la Lune avant la fin de la décennie. Non seulement les États-Unis ont été les premiers à envoyer des astronautes sur la Lune, mais en 2006, soit près de 50 ans après le premier Spoutnik, ce sont des Américains qui ont reçu tous les prix Nobel attribués dans les différents domaines scientifiques, parce que les États-Unis ont relevé les défis qui se présentaient dans ces domaines et ont déployé tous les efforts nécessaires à cette fin. Aujourd'hui, nous affrontons des défis écologiques autrement plus redoutables que la conquête de l'espace ou la guerre froide. Nous devons donc mobiliser les efforts et les ressources à la hauteur de ces défis.

Grâce à notre capacité d'anticipation, nous pouvons définir un avenir différent qui soit viable. Après une période d'arrogance humaine aux effets destructeurs, nous sommes à la veille d'une révolution écologique s'inspirant de la sagesse et du génie de la nature. Si nous parvenons à façonner l'économie humaine selon le modèle du monde naturel, qui s'est peaufiné pendant près de quatre milliards d'années, nous serons en mesure d'instaurer une société viable qui pourra se maintenir et prospérer au bénéfice des générations futures. Le gaspillage n'existe pas dans la nature. L'élimination de tout gaspillage doit devenir la pierre angulaire de l'économie humaine comme elle est celle de l'économie naturelle. Le succès ou l'échec de la révolution de la durabilité qui s'annonce au XXIᵉ siècle déterminera l'avenir de l'humanité et de nombreuses autres espèces sur terre.

Nous vivons actuellement une période de transition entre l'ère industrielle et l'ère de la durabilité. Nous substituons graduellement une économie qui respecte les limites écologiques à une économie qui en fait fi. C'est ainsi que s'achève une époque marquée par une consommation débridée d'énergie polluante et que s'amorce une nouvelle époque axée d'abord sur la conservation, l'efficience et le recours à une énergie propre. Au cours des deux prochaines générations, l'humanité fera appel à des sources d'énergie qui produiront peu, voire pas du tout, d'émissions de carbone, lesquelles sont à l'origine des actuels changements climatiques. Nous cessons peu à peu, en tant que société, d'utiliser des produits chimiques toxiques avant de bien connaître leur incidence sur la santé humaine et l'environnement. Grâce à l'exemple de la nature et à l'ingéniosité humaine, nous pouvons réorganiser tous nos procédés de fabrication afin d'éliminer presque complètement la production et l'utilisation de substances toxiques. Nous sommes en train d'abandonner un type de société qui consomme des ressources à un bout et recrache des déchets à l'autre bout, en posant les fondements d'une autre société où la notion même de déchets sera inacceptable et où des mots comme « jetable », « ordures », « énergivore » et « agriculture industrielle » seront considérés comme anachroniques, voire scandaleux. Nous sommes en voie d'instaurer une société qui verra dans les excès du XXe siècle une sorte de folie passagère.

Les valeurs évoluent rapidement. Il y a 50 ans, le mouvement écologiste actuel était tout simplement inexistant. Pas de Greenpeace ni de Fonds mondial pour la nature. Aucun gouvernement dans le monde ne comptait un ministre de l'Environnement dans ses rangs. Aujourd'hui, des dizaines de millions de personnes font partie de divers groupes écologistes. Tous les gouvernements dans le monde ont un ministère de l'Environnement. Depuis quelques années, plus de 70 pays, de la France à la Finlande et de l'Argentine à la Zambie, ont modifié leur constitution afin qu'y soit inscrit le principe selon lequel tous et toutes ont le droit de vivre dans un environnement sain et écologiquement équilibré. Dans de nombreux pays, la constitution postule désormais que ce droit est aussi important que les autres droits fondamentaux de la personne. Au-delà des mots, les droits écologiques constitutionnels contribueront de façon profonde et durable à la sensibilisation du public, feront pencher la balance en faveur de l'environnement en ce qui concerne les politiques publiques et permettront aux groupes défavorisés d'obtenir justice en matière d'environnement. L'existence de droits écologiques constitutionnels a joué un rôle vital dans l'approvisionnement en eau potable de certaines collectivités en Argentine, la dépollution de l'air dans les grandes villes en Inde et la protection de la biodiversité en Finlande et au Costa Rica.

Un avenir viable est à la portée de notre imagination. Imaginez un véhicule dont le seul résidu serait de l'eau (non, il ne s'agit pas d'un vélo et de la sueur du cycliste). Imaginez que votre compagnie d'électricité vous envoie un chèque plutôt qu'un compte tous les deux mois, parce que votre domicile produit plus d'électricité qu'il n'en consomme. Imaginez des produits alimentaires frais, délicieux et nutritifs qui soient issus de récoltes locales obtenues sans apport de pesticides, d'antibiotiques, d'organismes génétiquement modifiés et d'hormones de croissance. Imaginez une agriculture dans laquelle la sylviculture, la culture de plantes fourragères et l'élevage du bétail, des poules et des porcs sont pratiqués de façon humaine et durable, nécessitent peu de ressources extérieures à la ferme et ne produisent aucun déchet. Imaginez une ville sans le bruit ni la pollution issus de l'infernal moteur à combustion interne. Imaginez qu'il ne soit plus nécessaire de craindre que des risques écologiques invisibles minent votre santé et celle de vos enfants. Imaginez des pays industrialisés qui ne consomment aucun combustible fossile et qui recourent plutôt à l'énergie solaire ou géothermique et à d'autres sources d'énergie propres. Imaginez que tous les produits que vous achetez soient exempts de substances toxiques. Imaginez que, après le bris ou l'usure complète d'un produit quelconque, ce soit son fabricant qui ait l'obligation de le récupérer. Imaginez que tout ce que vous achetez soit biodégradable, réutilisable ou recyclable.

Cette description de l'avenir ressemble-t-elle à un rêve ou à une utopie écologiste digne d'un auteur de science-fiction ? Peut-être bien, mais ce n'est pourtant pas le cas. Toute cette description est beaucoup plus près de devenir une réalité que ce qu'on pourrait croire, comme vont l'illustrer les exemples suivants.

Le crépuscule des combustibles fossiles

Toutes les plantes sur terre tirent leur énergie du soleil, grâce à la photosynthèse. Plus d'énergie solaire parvient à la terre en une heure que la quantité totale d'énergie consommée par tous les êtres humains en une année. Pourtant, malgré son immense potentiel, on ne fait que commencer à mobiliser l'énergie solaire pour la production d'électricité. La centrale électrosolaire photovoltaïque la plus puissante du monde se trouve en Allemagne et produit 40 mégawatts d'électricité, grâce aux progrès rapides accomplis dans ce domaine depuis 2004, lorsque la plus grande centrale ne produisait que 6 mégawatts. L'accroissement en puissance des centrales thermosolaires, dotées de miroirs et de lentilles qui concentrent l'énergie solaire à des températures extrêmement élevées, promet d'être encore plus spectaculaire. Si la plus grande centrale thermosolaire produit quelque 80 mégawatts, d'autres beaucoup plus puissantes sont actuellement érigées ou prévues en Californie, en Floride, en Égypte et en Afrique du Sud. Aux États-Unis, Pacific Gas and Electric, une grande compagnie d'électricité, a récemment signé un contrat l'engageant à acheter 553 mégawatts d'énergie issue d'une centrale thermosolaire en construction dans le désert de Mojave. D'une superficie totale de 23 kilomètres carrés, cette centrale produira l'énergie nécessaire pour alimenter 400 000 foyers en Californie, ce qui en fera la plus grande centrale solaire au monde. Des pourparlers ont également été entrepris en vue de la construction d'une centrale thermosolaire plus puissante dans le désert du Sahara, qui pourrait produire toute l'électricité nécessaire à l'Europe, au Moyen-Orient et à l'Afrique du Nord, tout en occupant moins de 0,5 % de la surface de ce désert.

Des chercheurs de l'Université de la Nouvelle-Galles-du-Sud, en Australie, ont réalisé plusieurs percées en matière de technologie solaire. Ils se servent d'une céramique spéciale à base de dioxyde de titane pour capter la lumière du soleil et décomposer l'eau afin de produire un combustible à hydrogène. Toute la demande d'électricité en Australie pourrait être satisfaite au moyen de panneaux de toiture placés sur plusieurs millions de maisons. L'utilisation de cellules solaires logées sur des feuilles de métal plus minces que du papier représente une autre percée technologique des plus prometteuses. Qualifiées d'innovation de l'année en 2007 par la revue *Popular Science,* ces photopiles en couche mince pourraient être apposées en revêtement sur tout, des édifices aux téléphones mobiles, et assurer une autonomie énergétique sans précédent. Une entreprise américaine, Nanosolar, a d'ailleurs déjà commencé à fabriquer et à vendre de telles photopiles en couche mince.

Inspiration

La Suède met en œuvre un plan élaboré visant à éliminer d'ici 2020 la dépendance du pays à l'égard du pétrole. Déjà, la proportion du pétrole dans la consommation totale d'énergie en Suède est passée de 77 % en 1973 à 32 % en 2003. Mis au point par la réputée Commission suédoise pour l'indépendance envers le pétrole, ce plan prévoit de nombreuses mesures : l'adoption des biocarburants pour les véhicules motorisés, l'abandon du pétrole comme source de chauffage des immeubles résidentiels et commerciaux, le recours accéléré aux sources d'énergie renouvelables, l'instauration du chauffage urbain (au moyen de la cogénération et de l'utilisation de la chaleur résiduelle pour satisfaire les besoins locaux), l'imposition de taxes sur les sources d'énergie non renouvelables, sur les émissions de carbone et sur l'utilisation des véhicules privés, ainsi que l'octroi de subventions aux municipalités qui investissent dans des projets durables. La commission a conclu ainsi : « Nous sommes optimistes en matière de technologie et souhaitons que la Suède ouvre la voie à l'utilisation de nouveaux moyens technologiques renouvelables qui consomment peu de ressources, tels que les véhicules hybrides, les photopiles, l'énergie des vagues, les véhicules dotés d'une pile à combustible, les nouveaux biocarburants et les technologies de l'information écoénergétiques. » Les efforts que déploie la Suède pour mettre un terme à sa dépendance envers le pétrole font partie de la remarquable stratégie globale de ce pays pour résoudre tous ses problèmes écologiques au cours de la prochaine génération.

Pour sa part, l'Islande cherche à devenir d'ici 2050 la première économie du monde fondée sur l'utilisation de l'hydrogène, lequel serait produit à partir de ses ressources hydroélectriques et géothermiques. Le principal avantage de l'emploi d'hydrogène comme carburant est que son seul sous-produit est de l'eau propre. Des autobus dotés d'une pile à combustible à hydrogène circulent déjà dans les rues de Reykjavik, la capitale de l'Islande. Par ailleurs, la première station-service à hydrogène au monde y a ouvert ses portes en 2003, dans une rue achalandée du centre-ville. Le gouvernement islandais s'est donné pour objectif, durant les prochaines décennies, de convertir à l'hydrogène tous les véhicules motorisés et la flotte de pêche du pays.

L'île de Samsø, près des côtes du Danemark, a reçu des éloges internationaux pour avoir mis fin à sa dépendance envers les carburants fossiles et privilégié les sources d'énergie renouvelables. Depuis 1997, les autorités de Samsø ont mis en service un parc éolien qui produit plus d'électricité que n'en consomment l'île et ses quelque 4 300 habitants. Elles ont fait construire plusieurs réseaux de chauffage résidentiel urbain fondés sur le recours à l'énergie solaire, à la paille et aux copeaux de bois, et elles envisagent la culture du canola afin de produire du biodiesel pour les véhicules motorisés. Il y a 10 ans, les combustibles fossiles étaient à l'origine de 92 % de l'électricité et de 85 % du chauffage disponibles à Samsø. Aujourd'hui, tant l'électricité que le chauffage dans l'île sont entièrement issus de sources d'énergie renouvelables.

Immeubles à énergie zéro

Les immeubles à énergie zéro sont des immeubles écoénergétiques alimentés par des sources d'énergie renouvelables (généralement des panneaux solaires) et produisant autant d'énergie qu'ils en consomment sur une base annuelle. Ces immeubles, qui souvent ne se distinguent pas des autres (à l'exception des panneaux solaires présents sur le toit), offrent un milieu intérieur sain et nécessitent très peu d'entretien. Des immeubles à énergie zéro sont en cours de construction aux États-Unis, au Canada, en Australie, au Royaume-Uni, en Suède, en Allemagne, au Portugal et en Autriche. Le gouvernement britannique a récemment dévoilé une proposition stipulant que, à partir de 2016, *toutes* les nouvelles maisons devront être à énergie zéro. Des architectes et des ingénieurs ambitieux visent plus haut et créent des immeubles producteurs nets d'énergie (c'est-à-dire qui produisent plus d'énergie qu'ils n'en consomment) dans des pays allant de l'Autriche à la Thaïlande. La ville allemande de Fribourg-en-Brisgau abrite déjà une collectivité regroupant seulement des immeubles producteurs nets d'énergie, soit des maisons qui produisent deux ou trois fois plus d'électricité qu'elles n'en consomment en une année.

Il existe déjà des centaines de maisons à énergie zéro aux États-Unis, dans des villes comme Chicago, Boulder (Colorado) et Salem (Oregon). Le plus grand complexe résidentiel à énergie zéro aux États-Unis se trouve à Watsonville (Californie) et comprend 177 maisons unifamiliales, 80 maisons en rangée, 132 appartements, un parc et une école élémentaire. Les immeubles sont équipés de panneaux solaires produisant de l'électricité, d'un chauffe-eau solaire sans réservoir, d'une matière isolante plus efficace, d'un toit réflecteur, de conduits étanches, de fenêtres et d'accessoires électroménagers écoénergétiques, d'ampoules fluocompactes ainsi que d'appareils de plomberie et d'un aménagement paysager qui économisent l'eau.

La Drake Landing Solar Community, à Okotoks (Alberta), est le premier complexe résidentiel en Amérique du Nord à compter sur un chauffage urbain alimenté à l'énergie solaire. Des panneaux solaires captent la chaleur du soleil, l'emmagasinent dans le sous-sol et la rendent disponible en hiver. Il en résulte ainsi une diminution de 80 % des émissions de gaz à effet de serre provenant de cette collectivité.

Le projet Mata de Sesimbra, en voie de réalisation au Portugal, prévoit la construction d'immeubles à énergie zéro, l'aménagement d'une grande réserve naturelle, la restauration d'une grande forêt de chênes-lièges, la mise en œuvre d'un plan d'élimination des déchets d'ici 20 ans, l'utilisation exclusive de sources d'énergie renouvelables et l'engagement selon lequel 50 % de l'approvisionnement alimentaire des magasins et des restaurants faisant partie du projet proviendra de producteurs locaux.

Véhicules à émissions zéro

La production de véhicules à émission zéro a déjà commencé, bien que ce soit encore en faibles quantités et à des prix élevés. Des prototypes de véhicules dotés d'une pile à combustible à hydrogène circulent présentement dans les rues de Vancouver, de Chicago et de nombreuses villes européennes. Quantum Technologies exporte en Norvège des Toyota Prius à combustible à hydrogène. En outre, des véhicules entièrement électriques à vitesse et autonomie limitées, que produisent des entreprises comme Xebra, ZENN et Miles Automotive, sont déjà offerts chez certains concessionnaires d'automobiles. Des véhicules électriques à émissions zéro de plus en plus performants, comme l'Aptera, suscitent une grande curiosité dans les salons de l'automobile de plusieurs pays. Par exemple, le Tesla Roadster est un véhicule entièrement électrique qui passe de 0 à 100 km/h en 4 secondes, a une autonomie de 390 km et devrait être produit à grande échelle dès 2008. Phoenix Motorcars vend des camionnettes électriques qui peuvent couvrir plus de 160 km après une seule charge de la batterie.

Zéro déchets

L'objectif de zéro déchets suscite de plus en plus l'intérêt des individus, des entreprises et des pouvoirs municipaux. L'atteinte de cet objectif a pour condition la redéfinition des processus de production et de consommation, afin que tout produit fabriqué ou utilisé soit réutilisable, recyclable ou biodégradable sans danger. Elle aura diverses retombées positives : la création d'emplois, le développement économique, la diminution des coûts d'élimination des déchets et la réduction des émissions de gaz à effet de serre. En Nouvelle-Zélande, près des trois quarts des gouvernements locaux ont déjà adopté des résolutions comportant l'objectif de zéro déchets, si bien que certains sont parvenus à réduire de 90 % le volume des déchets acheminés dans les dépotoirs. Il est intéressant de noter que la Nouvelle-Zélande est le premier pays du monde à avoir accordé le droit de vote aux femmes et adopté une politique nationale de dénucléarisation, et qu'elle s'applique maintenant à devenir le premier pays du monde sans déchets.

Agriculture durable

L'agriculture durable connaît un renouveau, comme le démontre l'augmentation en flèche des ventes de produits alimentaires locaux ou biologiques. Des agriculteurs et des scientifiques aux États-Unis s'emploient à redéfinir la production agricole en s'inspirant des modèles naturels. Wes Jackson et le Land Institute s'efforcent de reproduire l'état des prairies naturelles et de permettre la récolte d'une grande variété de céréales sans recourir aux semailles annuelles. Cette démarche prospective vise l'amélioration de la sécurité des systèmes agricoles en réduisant la dépendance envers les combustibles fossiles, l'érosion des sols et la contamination chimique de la terre et de l'eau par les pesticides. Comme l'a écrit Jackson : « Contrairement aux pratiques agricoles actuelles, la prairie sauvage retient les sols, assure sa propre fertilité, utilise l'énergie solaire, fait un usage optimal de l'eau de pluie et n'est pas envahie par les mauvaises herbes, les parasites ou les maladies. Nous pouvons mettre au point des pratiques agricoles bénéficiant des mêmes avantages. » De nombreux agriculteurs, dont Joel Salatin et sa ferme Polyface, réussissent à recréer le cycle naturel en vertu duquel la terre nourrit les animaux, et vice-versa.

Produits durables

Certains fabricants de produits apparemment banals, comme des sous-vêtements, des tapis, des chaussures et du mobilier de bureau, mettent en pratique un nouveau mode de conception radical, dit *cradle to cradle* (littéralement, « du berceau au berceau », par opposition à « du berceau à la tombe »). Imaginé par Michael Braungart, chimiste, et William McDonough, architecte, le concept est d'une simplicité stupéfiante : tout ce qui est fabriqué et consommé doit être dirigé vers la filière biologique ou la filière technologique au terme de sa durée de vie utile. La filière biologique désigne les sols qui vont accueillir les matières biodégradables et ainsi en être bonifiés, afin de favoriser la croissance d'arbres, de cultures vivrières, de fleurs et de fibres. La filière technologique englobe les lieux où doivent être recyclées en permanence les matières non biodégradables. Comme l'explique McDonough, « les matières retournent dans les sols ou en milieu industriel. C'est tout. Voilà le nouveau paradigme. » Le concept du berceau au berceau devient peu à peu une réalité concrète. McDonough et Braungart ont accordé la certification *Cradle to cradle* à des dizaines de produits novateurs — tissus, nettoyants tout usage, couches pour bébés, revêtements extérieurs de bâtiments, couvre-murs et cire de planche de surf — qui satisfont à leurs rigoureux critères de durabilité.

Interface Carpets, entreprise américaine que dirige Ray Anderson, un champion de la durabilité, fait partie des grands fabricants qui ont adopté le concept du berceau au berceau. Elle s'est donné un objectif ambitieux, appelé Mission zéro, qui consiste à éliminer d'ici 2020 toutes ses répercussions nuisibles sur l'environnement. Interface a inventé un procédé d'installation sans adhésif (fini les composés organiques volatils toxiques !), mis au point une gamme de tapis entièrement biodégradables, éliminé l'emploi de métaux lourds et recyclé plus de 45 000 tonnes de tapis qui autrement auraient abouti dans des dépotoirs. En 10 ans, Interface a réduit sa production de déchets de 70 %, son utilisation d'énergie de 50 %, ses émissions de gaz à effet de serre de 60 % et son utilisation d'eau de 80 %. En plus de ses gains écologiques, Interface a économisé plus de 300 millions de dollars, a vu ses ventes atteindre un niveau sans précédent et a bénéficié d'une forte hausse du cours de ses actions. Shaw Industries, un autre grand fabricant, propose aussi des tapis pouvant être recyclés en nouveaux tapis plutôt que transformés en produits de qualité inférieure ou rejetés dans des dépotoirs. La fabrication de tapis durables s'est traduite par une baisse de 10 % de ses coûts de production.

Steelcase et Herman Miller, de grands fabricants de matériel de bureau, se sont engagés à reconditionner ou à recycler tous les produits qu'ils fabriquent. Ils ont aussi mis au point une gamme de tissus d'ameublement qui, contrairement aux tissus traditionnels contenant des produits toxiques, sont facilement biodégradables.

Patagonia, important fabricant de vêtements d'extérieur, s'est doté d'un programme de recyclage qui incite ses clients à lui retourner leurs vêtements usés, qu'il s'agisse de molletons en polyester, de tee-shirts en coton biologique ou de sous-vêtements en polyester. Les produits usés sont réutilisés pour la fabrication de nouveaux vêtements. Grâce à ce programme, Patagonia a réduit sa production de déchets envoyés dans des dépotoirs, diminué de 76 % son utilisation d'énergie et abaissé de 71 % ses émissions de gaz à effet de serre. Au Canada, Mountain Equipment Co-op a récemment adopté un programme similaire.

Même Nike, autrefois dénoncé par des militants, s'est rallié aux principes de la conception du berceau au berceau. La politique écologique de l'entreprise vise à réduire à zéro la production de substances toxiques et de déchets, ainsi qu'à récupérer, recycler et réutiliser la totalité des produits qu'elle fabrique. Nike a récemment mis en marché des chaussures de basket-ball faites uniquement de déchets de découpe, baptisées TrashTalk, et mis au point des souliers de course dont la semelle est biodégradable et dont la partie supérieure peut être réutilisée indéfiniment pour la fabrication de nouveaux souliers.

La conservation des ressources, la non-production de déchets et la diminution de la pression écologique qui caractérisent la conception du berceau au berceau sont essentielles à la survie de l'humanité, surtout si on songe au fait que celle-ci comptera bientôt neuf milliards de personnes souhaitant accéder à un niveau de vie plus élevé.

Ce que vous pouvez faire

Les prémices d'un avenir viable commencent à se déployer et doivent maintenant être solidement étayées. Malheureusement, nous ne vivons pas encore dans un monde nous offrant exclusivement des options durables. En ce qui concerne la production d'électricité, les centrales thermiques au charbon et au gaz naturel éclipsent encore complètement les installations fondées sur l'énergie solaire, l'énergie éolienne ou d'autres sources d'énergie à émissions nulles. Il n'existe pour l'instant que quelques immeubles résidentiels à énergie zéro. Il n'est pas encore possible d'aller chez un concessionnaire d'automobiles et de choisir entre les voitures électriques et les véhicules dotés d'une pile à combustible à hydrogène. Les produits alimentaires d'origine locale ou biologique ne représentent qu'une fraction de toute la nourriture consommée. Diverses substances toxiques sont toujours présentes dans une myriade de produits de consommation, alors que les produits issus du mode de fabrication du berceau au berceau ne représentent qu'une proportion minime de toute la production industrielle.

Nous ne pouvons pas nous permettre d'attendre les progrès technologiques pour préserver la biosphère. Contrairement aux apparences, les actions individuelles ne sont pas insignifiantes. L'effet que produit une personne apportant son propre sac au supermarché peut sembler dérisoire dans un contexte mondial, à l'image de la proverbiale goutte d'eau dans l'océan. Mais si nous apportions tous notre propre sac au supermarché, l'incidence globale de ce simple geste serait énorme, tout comme c'est l'accumulation de gouttes d'eau qui a rempli les océans. La même logique s'applique à des mesures comme l'utilisation d'ampoules fluocompactes. Si seuls quelques écologistes le font, l'effet est négligeable. Mais si une collectivité ou un État le fait, comme le Canada et l'Australie l'ont proposé, les bienfaits seront considérables. Les projets de centrales thermiques au charbon peuvent désormais être relégués aux oubliettes, tout comme les centrales nucléaires maintenant envisagées. Nous devons gagner du temps pour protéger notre planète des maux qui l'affligent, jusqu'à ce que la révolution de la durabilité se soit généralisée. C'est pourquoi nous devons tout faire pour réduire dès maintenant notre empreinte écologique. Personne ne cherche délibérément à détruire la planète, mais nous sommes tous responsables, à différents degrés, du problème général actuel. Tous nos actes individuels s'ajoutent les uns aux autres et, de multiples façons, ont des effets destructeurs, que ce soit par notre paresse, notre ignorance ou notre indifférence. Lorsque l'humanité sera consciente des conséquences de ses actions, le défi à relever consistera à modifier volontairement des habitudes profondément enracinées.

Ce livre recense les actes individuels qui occasionnent les plus grands dommages environnementaux, d'une part, et décrit les meilleures façons d'atténuer son propre impact sur l'environnement. Les trois domaines d'action individuelle ou familiale ayant la plus forte incidence écologique sont : les activités domestiques (chauffage, climatisation, utilisation des appareils électroménagers, éclairage, etc.), l'alimentation et le transport. Ensemble, ces trois domaines représentent environ 80 % de la contribution du Nord-Américain moyen aux changements climatiques, à la pollution de l'air, à la pollution de l'eau et à la perte de biodiversité.

Les chapitres 2, 3 et 4 sont consacrés à l'examen des choix verts dans chacun des domaines suivants :
• nos maisons.
• nos aliments.
• nos moyens de transport.

Le chapitre 5 porte sur les choix verts à faire pour nos achats dans tous les autres domaines. Et puisque les actes de quelques personnes résolues ne peuvent régler la crise écologique mondiale, mais tout au plus la ralentir, le chapitre 6 illustre les différentes façons dont chacun peut exercer ses droits démocratiques pour favoriser des politiques amenant tout un chacun — citoyens, responsables politiques, fonctionnaires, hommes et femmes d'affaires — à agir dans un esprit de durabilité. Les lois, les systèmes fiscaux, les régimes de subventions et toutes les politiques publiques doivent être modifiés afin d'accélérer la révolution du développement durable. Comme l'a dit Al Gore : « Changer les ampoules électriques, c'est bien, mais changer les lois, c'est encore plus important. » Les politiques économiques doivent être redéfinies de façon à ce qu'on y intègre la réalité écologique. Il faut supprimer les subventions qui encouragent les comportements destructeurs pour l'environnement. Il ne faut plus taxer les activités que la société veut encourager, comme l'emploi et l'investissement, mais plutôt celles qu'elle cherche à empêcher, comme la production de déchets, la pollution et l'emploi de produits chimiques toxiques. Les États doivent mesurer le progrès de façon plus globale, redécouvrir les vertus de réglementations écologiques vigoureuses et affecter beaucoup plus de ressources à la promotion de mesures écologiques. Aucune de ces réorientations politiques n'est susceptible de voir le jour si des citoyens engagés n'exercent pas des pressions soutenues en leur faveur.

Les personnes qui vont adopter les suggestions formulées dans le présent ouvrage ne verront pas leur qualité de vie se détériorer. Elles vont plutôt :

• produire moins d'émissions de gaz à effet de serre, responsables des changements climatiques ;
• moins polluer l'eau ;
• moins polluer l'air ;
• jeter moins de déchets ;
• utiliser moins de ressources naturelles ;
• moins s'exposer aux produits chimiques toxiques ;
• atténuer la pression s'exerçant sur les espèces menacées et leurs habitats.

La mise en œuvre de nos recommandations vous permettra de réduire de moitié, voire de 90 %, votre empreinte écologique actuelle. Cela vous paraît impossible ? Alors, songez aux effets quotidiens des changements suivants en matière de technologie et de comportements :

• Aujourd'hui, les réfrigérateurs les plus écoénergétiques utilisent moins du quart de l'énergie qui était nécessaire aux réfrigérateurs de la génération précédente. En outre, ils ne renferment plus les produits chimiques qui détruisaient auparavant la précieuse et irremplaçable couche d'ozone de la Terre.

- La fabrication des canettes d'aluminium recyclé ne nécessite que 5 % de l'énergie nécessaire à la production de canettes d'aluminium neuf.
- Un ordinateur portatif n'utilise qu'un dixième de l'énergie nécessaire au fonctionnement d'un ordinateur de bureau.
- L'impression de documents sur les deux côtés des feuilles réduit de 50 % la consommation de papier.

La grenouille Kermit de *Sesame Street* se trompait quand elle disait : « C'est pas facile d'être vert. » Les mesures décrites dans ce livre n'exigent aucun sacrifice. Personne n'aura à adopter un régime ne comprenant que des aliments crus, ni à renoncer au confort de son foyer pour aller vivre dans une tente ou une grotte. Les objets ne créent pas de dépendance physique. Un changement de nos habitudes de consommation n'induit pas de douloureux symptômes de sevrage. Au contraire. En plus de réduire votre contribution aux problèmes écologiques mondiaux, vous constaterez que :

- votre santé s'améliore ;
- vous économisez de l'argent ;
- vous vous sentez moins coupable et plus utile ;
- votre qualité de vie s'améliore.

Mais ce qui est peut-être le plus important, c'est que la réduction de votre empreinte écologique vous rendra sans doute plus heureux. Les valeurs matérialistes minent sensiblement notre bien-être, car elles entretiennent un sentiment d'insécurité et affaiblissent les liens qui unissent chacun d'entre nous à sa famille, à ses amis et à sa collectivité. Les personnes matérialistes sont plus susceptibles d'être victimes d'anxiété et de dépression, de regarder davantage la télévision, d'abuser de l'alcool et des drogues, et d'avoir des relations personnelles insatisfaisantes. Inversement, les personnes qui font du vélo, pratiquent le recyclage et aiment la nature sont généralement plus heureuses, en meilleure santé et plus épanouies.

Des millions de personnes font de leur mieux pour assurer un avenir viable, juste et prospère. Toute réduction de votre empreinte écologique atténue un peu la pression qui s'exerce sur notre planète. La situation est critique. La Terre nous avertit que nous devons renverser la vapeur, et il n'y a pas de temps à perdre. Ralliez-vous à la révolution de la durabilité !

CHAPITRE 2

Une maison verte

*Nous façonnons nos édifices, après quoi ce
sont eux qui nous façonnent.*

WINSTON CHURCHILL

L es véhicules utilitaires énergivores font l'objet de nombreuses critiques, d'ailleurs justifiées, parce qu'ils contribuent à la pollution et aux changements climatiques. Mais il s'avère en fait que l'habitation moyenne en Amérique du Nord et dans d'autres pays industrialisés engendre deux fois plus d'émissions de gaz à effet de serre que le véhicule moyen. Une partie du problème réside dans le fait que, lorsqu'on allume une lumière ou qu'on ouvre un robinet, les conséquences écologiques en sont invisibles et échappent à l'attention. L'électricité et l'eau semblent surabondantes et leur consommation débridée paraît anodine. Pourtant, la construction et l'occupation des foyers modernes sont à l'origine de 70 % de la consommation d'électricité, de 35 % des émissions de gaz à effet de serre et de 40 % des déchets aboutissant dans les dépotoirs au Canada et aux États-Unis. L'empreinte écologique totale d'une maison unifamiliale moyenne comprend plus de 300 tonnes de matériaux divers, et elle ne cesse de croître. De 1950 à 1990, la taille des maisons neuves aux États-Unis a augmenté d'au moins 45 mètres carrés tous les 20 ans *(voir le tableau 2)*, bien que la taille moyenne des ménages soit passée de 3,3 personnes à 2,6 personnes depuis 1960. La même tendance a été observée dans d'autres pays industrialisés. L'équation est simple : maisons plus grandes et ménages plus petits égalent problèmes écologiques.

Aussi énorme que paraisse le volume des matériaux utilisés pour la construction d'une maison neuve, ils ne représentent néanmoins qu'une petite fraction de l'empreinte écologique totale de cette maison pendant sa durée de vie. En d'autres termes, l'occupation d'une maison a une incidence écologique (résultant surtout de la consommation d'énergie) beaucoup plus forte que sa construction et sa démolition. La maison unifamiliale est le type d'habitation qui à la fois consomme la plus grande quantité d'énergie et est le plus répandu dans de nombreux pays industrialisés riches. Comparativement à celle d'une maison unifamiliale située sur un grand terrain, l'empreinte écologique d'une maison unifamiliale située sur un petit terrain, d'une maison en rangée et d'un appartement dans une tour d'habitation est inférieure de 8 %, de 22 % et de 40 % respectivement. En matière d'habitation, l'adage « *small is beautiful* » est tout à fait juste, car une petite maison nécessite moins de matériaux et d'énergie pour sa construction, son entretien et son occupation (et elle offre moins d'espace pour l'accumulation de vieilleries !).

Tableau 2. Taille moyenne des nouvelles maisons aux États-Unis (en m²)	
1950	90
1970	135
1990	187
2005	219

Ce que vous pouvez faire

Les immeubles ont une durée de vie bien supérieure à celle de la plupart des produits industriels. Les maisons neuves construites chaque année ne représentent qu'entre 1 % et 2 % de l'ensemble des unités d'habitation disponibles.

Il s'ensuit que l'incidence écologique totale de ces maisons neuves est minime par rapport à celle des immeubles plus anciens. Ainsi, s'il est vrai que les maisons à énergie zéro devraient rapidement devenir la norme en matière de construction, comme c'est le cas au Royaume-Uni, il n'en demeure pas moins que le bilan énergétique des maisons existantes doit lui aussi être radicalement amélioré.

Quatre mesures importantes sont à la portée de chacun pour réduire l'empreinte écologique associée à son lieu d'habitation :

1. Choisir une habitation de taille modeste qui est située près du travail, de l'école, des lieux récréatifs et des moyens de transport en commun.
2. Faire faire une analyse énergétique de son unité d'habitation et mettre en œuvre les recommandations qui en découlent.
3. Acheter de l'électricité « verte ».
4. Rationaliser sa consommation d'eau et d'électricité.

L'emplacement, l'emplacement, l'emplacement

La principale composante de l'empreinte écologique individuelle est sans doute l'emplacement de la maison. Habiter une maison unifamiliale située dans une banlieue éloignée entraîne une plus grande consommation d'énergie ainsi que des coûts de transport (en temps, en argent et en pollution) et d'infrastructures plus élevés. La prochaine fois que vous déménagerez, choisissez une unité d'habitation à la fois modeste et confortable qui se trouve dans un endroit où vous pourrez utiliser votre voiture moins souvent. Repérez un quartier dont les rues sont propices à la sécurité des enfants et facilitent les promenades à pied et à bicyclette, où les arbres sont nombreux et qui est situé près de beaux espaces verts. Vivre près de vos lieux de travail, d'étude ou de loisirs et habiter une maison de taille plus raisonnable peut réduire fortement votre empreinte écologique, en plus de vous procurer un sentiment de bien-être et d'améliorer votre qualité de vie.

Enrichissez-vous : économisez l'énergie !

> *La conservation, c'est bon pour ceux qui veulent geler dans le noir.*
>
> RONALD REAGAN

Reagan avait tort. La conservation nous permet plutôt de vivre confortablement à un coût très inférieur à celui de notre mode de vie actuel, marqué par le gaspillage. Chaque fois que vous allumez la télé, prenez une douche, achetez un nouvel appareil électroménager ou remplacez une ampoule électrique, vous prenez une décision qui a des répercussions sur l'environnement. Vous savez déjà que la consommation d'énergie contribue aux changements climatiques, au smog, aux marées noires et aux pluies acides. Mais vous ne vous rendez peut-être pas compte de l'impact que pourrait avoir la diminution de votre consommation d'énergie dans vos activités quotidiennes et vos achats domestiques.

Afin de définir vos priorités concernant les économies d'énergie, vous devez d'abord repérer les principaux éléments de l'empreinte écologique de votre foyer. Dans une certaine mesure, ces éléments sont déterminés par le climat de votre pays, la méthode de production de votre compagnie d'électricité, vos propres habitudes de consommation d'énergie ainsi que la taille et les caractéristiques de votre unité d'habitation. Par exemple, la production d'électricité au Canada est beaucoup moins polluante qu'aux États-Unis, où près des trois quarts de l'électricité produite proviennent de la combustion de charbon, de gaz naturel ou de pétrole, comparativement à un quart au Canada. Dans certaines régions du monde, l'électricité est d'origine hydraulique, ce qui contribue très peu aux changements climatiques. Dans la plupart des États américains et dans de nombreux autres pays, toutefois, la production d'électricité engendre le rejet dans l'atmosphère d'énormes quantités de dioxyde de carbone, responsable des changements climatiques.

Nos suggestions se basent sur la consommation d'énergie moyenne en Amérique du Nord, mais il est clair que, peu importe votre consommation d'énergie, sa rationalisation va entraîner une baisse des coûts, favoriser la protection de l'environnement et rendre votre foyer plus sain et plus confortable.

Le coût moyen de la consommation d'énergie dans les foyers canadiens et américains atteint près de 2 000 $ par année, en raison surtout du chauffage, puis de l'utilisation des appareils électroménagers et du chauffe-eau, et ensuite de l'éclairage *(voir le tableau 3)*. De 1978 à 2001, la quantité totale d'énergie que les Américains ont consacrée au chauffage a baissé de 30 %, en dépit d'une hausse notable du nombre d'unités d'habitation. Une amélioration similaire a été observée au Canada. Cette baisse est attribuable à l'emploi de techniques de construction plus efficaces, à une meilleure isolation thermique des habitations plus anciennes et peut-être aux températures plus douces résultant des changements climatiques. Mais il y a encore largement matière à amélioration. Aux États-Unis, seules 40 % des habitations ont une bonne isolation thermique, et moins de 40 % des fenêtres neuves vendues sont écoénergétiques.

Votre foyer est votre château, mais il n'est pas nécessaire qu'il y fasse aussi froid que dans un vrai château. Aucune personne saine d'esprit ne

Tableau 3. Principales utilisations domestiques de l'énergie dans quelques pays industrialisés				
	Canada	États-Unis	Royaume-Uni	Australie
Chauffage et climatisation	57 %	49 %	60 %	39 %
Appareils électroménagers et électroniques	13 %	20 %	14 %	29 %
Eau chaude	24 %	15 %	23 %	27 %
Éclairage	5 %	7 %	3 %	5 %

laisserait sa porte ouverte pendant une vague de froid hivernale ; pourtant, de nombreuses maisons laissent entrer tellement d'air par diverses fissures et ouvertures que le résultat est le même. La chaleur s'échappe de la maison en hiver et l'envahit en été, si bien que les appareils de chauffage et les climatiseurs doivent fonctionner plus longtemps, ce qui accentue le risque d'un bris et amoindrit leur durée de vie. Il en résulte un gaspillage d'énergie et d'argent et une perte de confort, autant d'inconvénients qui peuvent pourtant être prévenus.

Chaque mesure que vous prenez pour réduire votre consommation d'électricité à la maison a une incidence jusqu'à trois fois plus prononcée que vous pourriez le croire, et ce, en raison d'un phénomène appelé « perte par changement de forme d'énergie ». Des pertes se produisent lors de la production, de la transmission et de la distribution de l'électricité, ce qui signifie que, pour chaque unité de courant électrique que vous utilisez à la maison, le système électrique consomme trois unités d'énergie primaire. Rappelez-vous toujours ce fait important lorsque vous aurez des doutes sur la portée réelle de vos choix.

De nombreux investissements à caractère écoénergétique procurent un très bon rendement. L'expression « période de recouvrement de l'investissement » désigne le temps nécessaire pour que vous récupériez la somme investie à des fins écoénergétiques, grâce à la baisse des coûts d'énergie qui s'ensuit. Par exemple, si vous dépensez 25 $ pour ajouter une enveloppe isolante à votre chauffe-eau et que vous économisez ensuite 5 $ par mois sur votre facture d'électricité, alors la période de recouvrement de l'investissement est de cinq mois.

À cette baisse de la facture d'électricité s'ajoute une autre bonne nouvelle financière, si vous êtes propriétaire de votre domicile : la valeur d'une maison augmente de 20 $ pour chaque dollar de réduction de la facture d'électricité résultant de mesures écoénergétiques. Ainsi, si vous parvenez à faire diminuer de 500 $ votre facture annuelle d'électricité, la valeur de votre maison va augmenter de 10 000 $. Une meilleure conservation énergétique offre donc une certaine protection en cas de hausse des coûts de l'énergie.

Offrez-vous une analyse énergétique

La meilleure façon de connaître les mesures les plus efficaces et les plus économiques pour améliorer le bilan énergétique de votre domicile est de faire faire une analyse par un professionnel. C'est un peu comme si vous subissiez un examen médical complet afin que votre médecin puisse vous proposer des moyens personnalisés d'améliorer votre santé. Si la construction et l'entretien des différents types de maisons varient beaucoup, les analyses énergétiques se concentrent généralement sur quatre facteurs communs : étanchéité à l'air, isolation thermique, fenestration, systèmes de chauffage et de climatisation. Pour trouver un analyste d'énergie domestique, consultez le site gouvernemental *www.ecoaction.gc.ca*. Dans certains États ou provinces, la réalisation d'une analyse énergétique vous rend admissible à l'obtention de ristournes gouvernementales lorsque vous décidez d'améliorer l'efficacité énergétique de votre domicile. C'est le cas au Québec, avec le programme Rénoclimat *(www.aee.gouv.qc.ca)*. Cependant, même en l'absence de ces ristournes, vous allez récupérer rapidement votre investissement si vous suivez les conseils d'un analyste d'énergie domestique. Si vous n'avez pas les moyens de demander les services d'un professionnel, des sites Internet peuvent vous aider à faire vous-même le bilan énergétique de votre domicile, comme *www.powerwise.ca* (en anglais).

Rendez votre demeure étanche

Une analyse énergétique va également révéler l'emplacement des fissures, des fentes et des trous dans les murs, les plafonds et les planchers. L'élimination de ces fuites d'air se traduira par une baisse de 5 à 30 % des coûts de chauffage et de climatisation. L'ajout d'un coupe-froid ou de calfeutrage aux fenêtres et aux portes constitue souvent un bon investissement, qui rapporte en moyenne 1,54 $ pour chaque dollar dépensé. Un domicile étanche à l'air comporte d'autres avantages : un confort accru, notamment par temps très froid ou très chaud, une meilleure protection contre les bruits extérieurs, moins d'infiltrations de pollen, de poussière, de polluants et d'insectes, ainsi qu'une plus grande durabilité de la maison elle-même. Lorsque vous étanchéifiez votre domicile, il est toutefois essentiel de préserver une ventilation adéquate afin d'éviter les problèmes liés à une mauvaise qualité de l'air intérieur.

Isolez

Seulement 20 % des résidences construites avant 1980 sont dotées d'une isolation thermique adéquate. Songez à ce qu'on fait pour rester au chaud lors d'une journée d'hiver froide et venteuse : on porte un gilet chaud (l'isolant) et un manteau. L'efficacité de l'isolant se mesure par son indice de résistance thermique. Plus la valeur de l'indice est élevée, plus l'isolant est efficace. Les produits faits de cellulose (bois ou papier recyclés) ou de denim recyclé constituent de bons isolants écologiques.

Améliorez les systèmes de chauffage et de climatisation

Dans certains pays froids, comme le Canada et les États-Unis, le chauffage domestique est généralement assuré par des appareils peu économiques : les fournaises à rendement faible ou moyen sont beaucoup plus nombreuses que celles à haut rendement. Les suggestions suivantes vous permettront d'économiser de l'énergie pour le chauffage, tout en maintenant ou même en accentuant le confort de votre foyer, parfois à un moindre coût.

• Remplacez l'ancien système de chauffage par un appareil écoénergétique qui donne un rendement supérieur d'au moins 20 %.
• Vérifiez et remplacez régulièrement les filtres, faites faire une mise au point annuelle et assurez-vous que tous les conduits sont bien étanches pour optimiser la circulation de l'air.

- Installez un thermostat programmable pour réduire de 5 à 10 % votre facture d'électricité.
- Si vous habitez dans l'hémisphère Nord, plantez des conifères devant le côté nord de votre maison, afin de contrer l'effet des vents froids, et des feuillus devant le côté sud, afin de bénéficier de leur ombre en été. Quel que soit l'endroit où vous vivez, des arbres bien placés peuvent entraîner une diminution allant jusqu'à 25 % de l'énergie nécessaire à la climatisation d'une résidence moyenne.
- Les ventilateurs constituent une solution de rechange efficace et économique aux climatiseurs. En moyenne, un ventilateur de plafond consomme 10 fois moins d'électricité par année qu'un climatiseur.
- Si votre budget le permet, aménagez un toit vert sur votre résidence. Un toit spécialement conçu pour accueillir de la terre et des plantes permet une importante réduction de la consommation de l'énergie pour le chauffage et la climatisation. De plus, il offre un habitat à certains petits animaux et atténue l'écoulement des eaux de pluie.

Voici d'autres petits trucs pour réduire davantage votre consommation d'énergie pour le chauffage et la climatisation.
- Fermez les rideaux ou les stores la nuit en hiver et le jour en été.
- Baissez les thermostats de 1 ou 2 degrés.
- Baissez davantage les thermostats pendant que vous êtes au travail et durant les vacances.

Remplacez les vieilles fenêtres

Le manque d'étanchéité des fenêtres entraîne actuellement aux États-Unis une perte d'énergie équivalant à deux millions de barils de pétrole par jour. Les fenêtres modernes de qualité sont six fois plus écoénergétiques que les anciens modèles. En raison de leur coût d'achat élevé, elles ne sont peut-être pas jugées prioritaires lorsqu'il s'agit de rendre son domicile écoénergétique. Pourtant, de nouvelles fenêtres ont des effets bénéfiques en matière de confort et d'esthétique et font augmenter la valeur de revente d'une maison. On mesure la qualité des fenêtres par leur coefficient K : plus ce coefficient est bas, meilleure est la qualité de la fenêtre. Il faut choisir des fenêtres écoénergétiques dont l'étanchéité a été certifiée et est optimale dans la région climatique où vous habitez.

Inspiration

Carbon Busters Inc. est une société de consultants qui offre aux commissions scolaires, aux municipalités et aux entreprises ses services en matière de rationalisation de la consommation d'énergie. Jusqu'à maintenant, ses conseils judicieux ont entraîné une diminution des émissions de dioxyde de carbone de 54 000 tonnes, sans que cela coûte un sou à ses clients. Cette société de consultants est rémunérée à même les économies que ses clients réalisent sur leur consommation d'énergie. Pour leur part, ceux-ci ont réduit leurs coûts en énergie de plus de 16 millions de dollars.

Procurez-vous des appareils électroménagers et électroniques écoénergétiques

Autrefois très énergivores, les gros appareils électroménagers ont subi une cure d'amaigrissement grâce à des réglementations efficaces. Par rapport aux modèles vendus en 1990, la consommation d'électricité d'un réfrigérateur a baissé de 50 %, celle d'un congélateur de 48 %, celle d'un lave-vaisselle de 65 %, celle d'une machine à laver de 53 %, celle d'une sécheuse de 17 %, et celle d'une cuisinière de 15 %. Par contre, les nombreux autres appareils électriques et électroniques aujourd'hui omniprésents, tels que machines à café, iPods, lecteurs de DVD, téléphones cellulaires, téléphones sans fil, ordinateurs, appareils photo numériques, brosses à dents électriques, etc., consommaient 71 % plus d'énergie en 2004 qu'en 1990. Partout dans le monde, des milliards d'articles électroniques sont alimentés par des piles rechargeables. La plus grande partie de l'énergie reliée à l'utilisation de ces articles est consommée lorsque les piles sont pleinement chargées et qu'elles se trouvent encore dans le chargeur, ou encore lorsque le chargeur est branché dans une prise de courant mais qu'il ne contient pas de piles.

Notre suggestion concernant les appareils électroménagers et électroniques est simple : achetez le modèle le plus écoénergétique qui pourra satisfaire vos besoins. Évitez les gadgets comme les refroidisseurs d'eau et les distributeurs de glaçons ajoutés à certains modèles de réfrigérateurs, car ils consomment davantage d'énergie. Surtout, il importe d'acheter des produits ayant obtenu une certification écoénergétique. Dans de nombreuses catégories de produits de consommation, on trouve des modèles conformes au programme Energy Star : appareils électroménagers domestiques, appareils de chauffage, de ventilation ou de climatisation, appareils électroniques grand public, matériel de bureau, appareils d'éclairage, fenêtres et maisons neuves. Certains exemples de produits écoénergétiques nord-américains sont indiqués dans les sites *www.energy star.gc.ca* et *www.energystar.gov*

Au premier coup d'œil, vous serez peut-être déçu de constater que les modèles écoénergétiques coûtent plus cher que les autres, mais ne vous laissez pas berner par cette comparaison trompeuse ! Il est plus sensé (sur les plans tant économique qu'écologique) de prendre en compte les coûts totaux d'un produit, y compris les coûts énergétiques, pour toute sa durée de vie. Dans cette optique, le modèle le plus écoénergétique est souvent le moins dispendieux, malgré un prix d'achat plus élevé. Prenons l'exemple d'une machine à laver à chargement frontal qui consomme 275 kilowattheures (kWh) par année et d'une machine à chargement par le haut qui consomme 827 kWh par année. Dans ce cas-ci, le modèle écoénergétique coûte 100 $ de plus que l'autre, mais il vous fera économiser quelque 825 $ en coûts énergétiques sur les 15 ans de sa durée de vie (en plus d'utiliser moins d'eau). Et pourtant, même si les produits écoénergétiques sont de meilleure qualité et engendrent des coûts totaux moins élevés, la plupart des consommateurs les boudent. Ainsi, les modèles écoénergétiques ne représentent actuellement qu'un tiers de tous les réfrigérateurs vendus au Canada et aux États-Unis.

En plus d'acheter des appareils électroménagers ou électroniques écoénergétiques, suivez les quelques conseils suivants qui vous permettront d'économiser de l'énergie tout en épargnant :

• Faites sécher vos vêtements sur une corde à linge ou un sèche-linge.
• Gardez fermées les portes du réfrigérateur et du four le plus souvent possible.
• Utilisez de petits appareils électroménagers comme un four à micro-ondes ou un four grille-pain, plutôt qu'une cuisinière, pour la préparation des repas.
• Faites décongeler les aliments dans le réfrigérateur plutôt que dans le four à micro-ondes ou sous l'eau chaude du robinet.
• Utilisez des casseroles et des poêles dotées d'un couvercle hermétique et placez-les sur un élément électrique de taille correspondante.
• Nettoyez le filtre à charpie avant d'utiliser la sécheuse.
• Remplissez complètement la machine à laver et le lave-vaisselle avant de les utiliser, et n'oubliez pas de choisir le cycle « Économie d'énergie ».
• Utilisez le plus souvent possible de l'eau froide dans la machine à laver : la plus grande partie de l'énergie consommée pour la lessive sert à chauffer l'eau et non à faire fonctionner la machine.
• Utilisez un ordinateur portatif et activez son mode « Veille ».
• Éteignez votre ordinateur lorsque vous ne l'utilisez pas. Cela n'aura aucune incidence négative. Contrairement à la croyance populaire, les économiseurs d'écran ne font pas économiser d'énergie.

Éteignez !

Vous pouvez faire une utilisation beaucoup plus écoénergétique de vos appareils électroménagers ou électroniques. Peu de personnes savent que maints appareils électroniques consomment de l'électricité même lorsqu'ils sont éteints ou inutilisés. Parmi ces appareils, on retrouve les téléphones sans fil, tous les types de chargeurs de piles, les téléviseurs et les fours à micro-ondes. Ces appareils et leur alimentation fantôme sont un peu comme autant de robinets qui fuient, sauf qu'on ne voit pas l'électricité gaspillée. La proportion d'électricité consommée par les appareils électroniques grand public pendant qu'ils sont éteints peut atteindre 75 % ! La meilleure façon de réduire ou d'éliminer le gaspillage d'électricité consiste à brancher ces appareils dans un bloc d'alimentation à prises multiples et à éteindre le bloc lorsqu'ils ne sont pas utilisés.

Recyclez vos vieux électroménagers

Les vieux réfrigérateurs qui rôdent au sous-sol ou dans le garage sont probablement voraces en électricité. Au Canada, plus d'un ménage sur trois possède deux réfrigérateurs. Certaines compagnies d'électricité au Canada et aux États-Unis reprennent votre vieux réfrigérateur, le recyclent, réduisent votre facture d'électricité d'une centaine de dollars par année et, en prime, elles vous envoient un chèque. En Europe, les détaillants sont maintenant tenus de reprendre les vieux appareils électriques (y compris les réfrigérateurs) lorsque leurs clients achètent un produit neuf, peu importe où le vieil appareil avait été acheté.

Inspiration

Lorsque les normes écoénergétiques pour les appareils électroménagers ont été proposées dans les années 1970, les fabricants se sont rebiffés, sous prétexte qu'une meilleure technologie n'existait pas ou que, si elle existait, elle ferait grimper en flèche le coût de ces appareils. Ils avaient tort. Le bénéfice net des normes écoénergétiques de ces appareils pour les consommateurs américains pendant la période allant de 1987 à 2030 s'élèvera à 130 milliards de dollars. Les émissions de dioxyde de carbone auront été réduites de près d'un milliard de tonnes durant cette même période. Seulement en 2006, les produits écoénergétiques achetés aux États-Unis ont entraîné une diminution de la consommation d'électricité de 170 milliards de kWh et ont fait épargner aux consommateurs américains 14 milliards de dollars sur leur facture d'électricité. De façon analogue, on prévoit que le Canada réduira ses émissions de dioxyde de carbone de 26 millions de tonnes par année d'ici 2010, grâce à ses diverses réglementations écoénergétiques. Ces réglementations produiront le même effet qu'aurait le retrait de la circulation de quelque quatre millions de voitures.

L'eau chaude

Vous ne songeriez jamais à laisser votre téléviseur allumé 24 heures sur 24, au cas où l'envie vous prendrait de regarder une émission. Pourtant, c'est exactement ce que nous faisons avec l'eau chaude dans nos foyers. Votre chauffe-eau garde l'eau chaude en permanence, que vous soyez à la maison ou à l'extérieur, éveillé ou endormi. Chez la plupart des ménages, la quantité d'énergie consommée pour chauffer l'eau pourrait être réduite sensiblement, parfois de la moitié, ce qui représenterait une économie annuelle de 200 $. La première mesure évidente consiste à utiliser moins d'eau chaude. Dans une section ultérieure du présent chapitre, nous traiterons des mesures à prendre pour réduire la consommation d'eau en général. Pour le moment, voici comment réduire sa consommation d'énergie pour le chauffage de l'eau.

Le moyen le moins coûteux est aussi le plus facile : baisser la température du chauffe-eau. L'opération se fait en trois étapes dans le cas d'un chauffe-eau électrique et en une seule dans le cas d'un chauffe-eau au gaz naturel. Si vous avez un chauffe-eau électrique, coupez d'abord l'alimentation électrique du chauffe-eau en faisant basculer le disjoncteur approprié dans la boîte à fusibles. Ensuite, enlevez le panneau d'accès de l'élément chauffant, situé sur le côté du chauffe-eau. Enfin, servez-vous d'un tournevis pour baisser la température entre 43 et 49 °C. Si vous avez un chauffe-eau au gaz naturel, vous n'avez qu'à baisser la température sur le thermostat (il n'est pas nécessaire d'interrompre l'alimentation en gaz). Cela fera diminuer la consommation d'énergie, la facture d'électricité ou de gaz naturel, la corrosion du chauffe-eau (qui aura ainsi une vie plus longue) et le risque de s'ébouillanter, surtout si vous avez de jeunes enfants.

Un autre moyen simple de réduire sa consommation d'énergie réside dans l'ajout d'une enveloppe isolante autour du chauffe-eau et des conduites d'eau chaude. L'achat d'une trousse d'isolation dans une quincaillerie ou un magasin d'articles ménagers entraîne, au bout d'un an, des économies d'énergie équivalant au prix d'achat de la trousse. Lorsque viendra le temps de remplacer votre chauffe-eau, achetez le modèle le plus écoénergétique et posez un piège à chaleur (moins de 5 $) sur les conduites d'eau chaude pour empêcher l'eau froide de revenir dans le chauffe-eau.

Voici maintenant quelques mesures qui sont plus ambitieuses :
• Utiliser l'énergie solaire pour chauffer l'eau.
• Remplacer le chauffe-eau actuel par un chauffe-eau instantané ou sans réservoir.
• Installer un chauffe-eau avec pompe à chaleur.
• Utiliser un système de récupération de la chaleur de l'eau de drainage.

Le chauffage thermosolaire de l'eau est une option économique et écologique dans de nombreuses régions du monde, même par temps nuageux. Plus de 1,5 million de résidences et d'entreprises aux États-Unis sont dotées d'un système de chauffage thermosolaire de l'eau, et plus de 94 % des propriétaires estiment avoir fait un bon investissement en adoptant ce système. Un chauffe-eau solaire procure une économie de 350 $ par année par rapport au coût total d'un chauffe-eau électrique. Sur une période de 20 ans, il peut réduire de 50 tonnes les émissions de dioxyde de carbone. Le site américain *www.solar-rating.org* constitue une bonne source d'évaluations indépendantes des chauffe-eau solaires.

Comme son nom l'indique, le chauffe-eau instantané ou sans réservoir ne comporte pas de réservoir. Un brûleur à gaz ou un élément électrique chauffe l'eau rapidement, mais uniquement lorsque nécessaire. L'eau chaude ne manque jamais, mais le débit (la quantité d'eau chaude par minute) est limité et la demande d'électricité est forte pendant de brèves périodes. Un chauffe-eau sans réservoir ne convient pas à tous, notamment aux ménages plus nombreux qui peuvent avoir besoin d'eau chaude pour deux usages simultanés. Un chauffe-eau à thermopompe utilise environ deux fois moins d'électricité qu'un chauffe-eau électrique traditionnel et est plus économique sous les climats tempérés et dans les résidences à forte consommation d'eau. Pour sa part, le système de récupération de la chaleur de l'eau de drainage, qui récupère la chaleur de l'eau utilisée pour chauffer l'eau du réservoir, offre une économie d'énergie allant de 25 à 30 %.

L'éclairage

Encore aujourd'hui, nous utilisons une technique du XIXe siècle pour éclairer nos maisons. Moins de 10 % de l'énergie consommée par une ampoule incandescente donne de la lumière ; le reste produit de la chaleur. Aux États-Unis, l'éclairage utilise plus d'énergie que la climatisation et consomme autant d'électricité qu'en produisent les 104 centrales nucléaires du pays. En raison du gaspillage d'énergie propre aux ampoules incandescentes, le Canada et l'Australie prévoient en restreindre la vente à partir de 2012.

L'ampoule fluocompacte, la diode électroluminescente (LED) et l'ampoule à halogène représentent autant de choix supérieurs. Si la dernière est moins durable et moins écoénergétique que les deux premières, elle l'est tout de même davantage que l'ampoule incandescente ordinaire. L'ampoule fluocompacte actuelle a comblé ses lacunes initiales : elle consomme maintenant quatre fois moins d'énergie, peut durer jusqu'à dix fois plus longtemps qu'une ampoule incandescente et s'adapte à presque tous les luminaires traditionnels. C'est peut-être ce qui explique l'intérêt soudain pour ce type d'éclairage ainsi que l'augmentation fulgurante des ventes. Si tous les ménages aux États-Unis remplaçaient leurs ampoules incandescentes par des ampoules fluocompactes pour les cinq luminaires les plus fréquemment utilisés, ils épargneraient près de huit milliards de dollars par année en coûts énergétiques et préviendraient l'émission d'une quantité de gaz à effet de serre équivalente à celle que produisent près de dix millions de voitures *(voir le tableau 4)*.

L'ampoule fluocompacte contient une très petite quantité de mercure, un métal lourd dangereux. Cependant, l'utilisation d'ampoules fluocompactes fait diminuer la consommation d'électricité, et donc les émissions de mercure provenant des centrales thermiques au charbon, qui forment la plus importante source d'émissions de mercure d'origine humaine dans de nombreuses régions du monde. Mais puisque même une très faible quantité de mercure peut être dommageable pour la santé et l'environnement, il est essentiel que les ampoules fluocompactes soient recyclées. Un nombre croissant de détaillants, par exemple Ikea, offrent maintenant un programme de recyclage à cette fin.

Tableau 4. Sommes épargnées grâce aux ampoules fluocompactes		
	Ampoule incandescente	Ampoule fluocompacte
Coût moyen d'une ampoule	0,40 $	2,60 $
Durée de vie moyenne	1 000 h	10 000 h
Coût pour 10 000 heures	4 $	2,60 $
Courant utilisé	60 W (0,06 kW)	15 W (0,015 kW)
Coût moyen de l'électricité	0,10 $/kWh	0,10 $/kWh
Coût d'utilisation pour 10 000 heures	60 $	15 $
Coût total (ampoule + électricité)	64 $	17,60 $
Somme épargnée par ampoule fluocompacte		46,40 $

La diode électroluminescente (LED) évolue rapidement et constitue désormais un excellent choix pour certains types d'éclairage. De nombreuses municipalités ont remplacé les feux de circulation traditionnels par des diodes, plus brillantes et plus visibles que les ampoules incandescentes, notamment par temps ensoleillé ou inclément. Les diodes électroluminescentes s'allument et s'éteignent instantanément, de sorte que les changements de feux de circulation se perçoivent plus aisément. Elles sont très écoénergétiques (jusqu'à dix fois moins d'énergie consommée) et plus durables (jusqu'à 100 000 heures). Elles ne doivent être remplacées qu'au bout de quelques années, au lieu de quelques mois, ce qui ajoute des économies de main-d'œuvre aux économies d'énergie. La Ville de Vancouver épargne 350 000 $ par année depuis qu'elle a remplacé toutes les ampoules incandescentes de ses feux de circulation par des diodes électroluminescentes.

Une autre façon de réduire votre facture d'électricité et votre empreinte écologique consiste à prendre l'habitude d'éteindre les lampes de la pièce que vous quittez. Vous pouvez aussi nettoyer régulièrement vos luminaires pour maximiser l'éclairage qu'ils produisent. Si vous faites des rénovations, n'oubliez pas d'augmenter l'éclairage naturel en ajoutant des fenêtres, des puits de lumière ou des tubes solaires (voir *www.solatube.com*).

Pour récupérer rapidement le coût de certains achats, vous pouvez procéder aux améliorations écoénergétiques suivantes :
- Remplacez les ampoules incandescentes par des ampoules fluocompactes.
- Assurez l'étanchéité des conduits du système de chauffage.
- Remplacez votre machine à laver.
- Ajoutez des thermostats programmables.
- Entourez votre chauffe-eau d'une enveloppe isolante.
- Remplacez votre réfrigérateur.
- Installez une thermopompe.
- Remplacez votre lave-vaisselle.
- Ajoutez des coupe-froid et du calfeutrage à vos portes et fenêtres.
- Ajoutez de l'isolant.

Achetez de l'électricité verte

Après avoir réduit votre consommation d'énergie à la maison, vous serez prêt à faire appel uniquement aux sources d'énergie renouvelables. Pour ce faire, il n'est plus nécessaire de vous désabonner du réseau actuel, de vous laisser pousser les cheveux et de dépenser des milliers de dollars pour assurer votre autonomie énergétique. Il vous suffit de recourir à l'un des deux moyens suivants.

Dans un nombre croissant de régions, on peut obtenir de l'électricité verte auprès de sa compagnie d'électricité. Les clients participants acquittent volontairement une prime ajoutée à leur facture d'électricité, afin d'appuyer la production d'énergie renouvelable, d'origine solaire ou éolienne. L'Agence de protection de l'environnement des États-Unis offre un localisateur d'énergie verte qui indique où celle-ci peut être achetée. Au Canada, vous pouvez communiquer avec votre compagnie d'électricité ou consulter la liste qu'a établie l'Association canadienne de l'énergie éolienne (voir le site *www.canwea.ca/Green_Power_Marketing.cfm*).

Si on n'offre pas d'énergie verte dans votre région, vous pouvez acheter des certificats d'énergie renouvelable, aussi appelés « certificats verts », qui vous permettent d'appuyer les projets d'énergie renouvelable que mettent en œuvre d'autres compagnies d'électricité.

Économisez l'eau

Le refus de gaspiller l'eau peut protéger un fleuve contre la construction d'un barrage ou empêcher la destruction de zones humides. De même, le refus de chauffer l'eau au moyen de combustibles fossiles prévient le gaspillage de pétrole ou de gaz naturel, la combustion de charbon, la libération de dioxyde de carbone (responsable du réchauffement climatique) et les dépôts de soufre sous forme de pluies acides.

ROCKY MOUNTAIN INSTITUTE

Personne au monde ne gaspille autant d'eau que les Américains. Ils sont suivis de près par les Canadiens. En moyenne, un Américain consomme l'équivalent de 1 600 verres d'eau par jour (380 litres), et un Canadien 1 400 (340 litres). C'est le double de la moyenne en Europe et le triple de la moyenne des pays qui consomment parcimonieusement leur eau (la Belgique, l'Allemagne, le Danemark et les Pays-Bas). Un tel gaspillage s'explique en partie par le fait que l'eau est trop peu dispendieuse dans de nombreux pays. La plupart des ménages au Canada et aux États-Unis paient de 1 $ à 2 $ pour 1 000 litres d'eau. Cela signifie que les Nord-Américains paient davantage pour acheter une canette de boisson gazeuse, une bouteille de bière, une tasse de café ou un litre d'eau en bouteille que pour obtenir 1 000 litres d'eau potable traitée dans leur municipalité.

Il faut souligner ici que les ménages consomment seulement 5 % de toute l'eau utilisée en Amérique du Nord et que les plus gros consommateurs sont les barrages hydroélectriques, les centrales thermiques classiques, les centrales nucléaires (pour le refroidissement des réacteurs) et les exploitations agricoles. Tous les consommateurs d'eau au Canada et aux États-Unis se doivent de conserver l'eau, puisqu'au moins trente-six États prévoient des pénuries d'eau locales ou régionales d'ici 2013, que le quart des municipalités canadiennes ont subi une pénurie d'eau depuis cinq ans et que les changements climatiques imminents vont probablement aggraver la situation. En Australie, le secteur agricole est responsable de 70 % de la consommation d'eau dans le pays, comparativement à 11 % pour les ménages. Une grave sécheresse prolongée y a nécessité l'imposition de restrictions et le déploiement d'efforts soutenus pour rationaliser la consommation d'eau. Depuis quelques années, des régions en Europe ont connu des pénuries sans précédent, qui ont donné lieu à des feux de forêt, à une baisse de la production hydroélectrique et à un rationnement de l'eau.

Toujours en ce qui concerne le gaspillage de l'eau, les principaux coupables sont les toilettes non écoénergétiques, les robinets qui fuient, les appareils domestiques voraces et les pelouses assoiffées *(voir le tableau 5)*. Si vous observez les trois règles de la conservation de l'eau — réduire, réparer, remplacer —, vous pouvez abaisser de moitié votre consomma-

Tableau 5. Consommation domestique d'eau dans quelques pays industrialisés (en pourcentage de la consommation quotidienne totale)

	Canada	États-Unis	Royaume-Uni	Australie
Toilette	30 %	27 %	35 %	27 %
Douche et bain	35 %	19 %	20 %	36 %
Machine à laver	20 %	22 %	14 %	22 %
Repas, consommation directe, nettoyage	15 %	19 %	29 %	15 %
Fuites	Inconnu	13 %	2 %	Inconnu

tion et faire des économies, le tout sans la moindre incidence négative sur votre mode de vie.

En moyenne, un ménage consacre environ 500 $ par année à sa facture d'eau et d'aqueduc. Grâce à quelques changements simples, vous pourriez désormais épargner jusqu'à 250 $ par année. Une résidence moyenne qui serait munie d'une robinetterie écoénergétique pourrait économiser 135 000 litres par année. Si tous les ménages aux États-Unis se dotaient d'installations d'eau et d'une robinetterie écoénergétiques, ils économiseraient plus de 13 000 milliards de litres d'eau et plus de 17 milliards de dollars par année! Si tous les Australiens faisaient de même, ils économiseraient 610 milliards de litres d'eau et 600 millions de dollars d'ici 2020. En outre, il est bon de rappeler qu'une diminution de la consommation d'eau partout dans le monde atténuerait la croissance des besoins en infrastructures coûteuses pour l'approvisionnement et pour le traitement des eaux usées.

Réduisez

Un robinet ouvert laisse couler environ huit litres d'eau par minute. Vous pouvez réduire votre consommation d'eau en prenant quelques bonnes habitudes.

- Fermez le robinet pendant que vous vous brossez les dents, que vous vous rasez ou que vous lavez la vaisselle.
- Prenez des douches plus brèves et réservez les bains pour les occasions spéciales.
- Utilisez un seau et une éponge pour laver votre voiture, et un balai (plutôt que le boyau d'arrosage) pour nettoyer votre entrée de garage.
- Gardez un pot d'eau au réfrigérateur plutôt que de laisser couler l'eau du robinet jusqu'à ce qu'elle soit froide.
- Frottez la vaisselle sale au lieu de la rincer, avant de la placer dans le lave-vaisselle.
- Lavez les fruits et légumes dans un grand bol.
- Ne décongelez pas les aliments en les laissant sous le robinet ouvert (mettez-les plutôt dans le réfrigérateur pour la nuit).
- Ne jetez pas d'eau dans l'évier si vous pouvez l'utiliser à d'autres fins, comme l'arrosage des plantes ou le nettoyage.
- Utilisez le cycle « Économie d'énergie » de la machine à laver et du lave-vaisselle.

Une pelouse moyenne de banlieue peut avoir besoin de 100 000 litres d'eau par année, en plus de l'eau de pluie qu'elle reçoit. N'oubliez pas que les arbres, les buissons et les fleurs indigènes de votre région n'ont jamais besoin d'être arrosés. Il n'y a pas de système d'arrosage dans les forêts et les marais.

Voici quelques conseils pour économiser l'eau à l'extérieur.

- Enlevez une partie ou la totalité de votre pelouse et remplacez-la par un potager, des plantes indigènes, des arbres fruitiers, des arbres d'ombrage ou des fleurs sauvages.
- Adoptez le xéripaysagisme, un type d'aménagement paysager qui s'appuie surtout sur les précipitations, même dans les climats secs.
- Utilisez du paillis (une barrière naturelle faite de feuilles, de paille et d'écorce déchiquetées) pour conserver l'humidité du sol.

Enlever la pelouse apportera un autre bienfait : vous pourrez vous débarrasser de votre tondeuse à gazon polluante. Si vous êtes marié à votre pelouse et n'êtes pas prêt à en divorcer, voici quelques suggestions.

- Plantez une variété de gazon rustique qui nécessite moins d'eau.
- Arrosez la pelouse tôt le matin ou tard en soirée pour éviter une évaporation excessive.
- N'arrosez pas trop souvent (une fois tous les quatre ou cinq jours en été suffit).
- Utilisez un boyau suintant plutôt qu'un arroseur oscillant.
- Laissez le gazon pousser davantage, pour protéger ses racines contre la chaleur.
- Procurez-vous une tondeuse manuelle et faites un peu d'exercice *(www. reelmowerguide.com)*.

Parmi les méthodes de pointe réduisant la consommation d'eau figurent les systèmes d'eaux grises et la collecte de l'eau de pluie. Un système d'eaux grises permet la récupération de l'eau de la douche et de la machine à laver et sa réutilisation dans la cuvette de la toilette et pour l'ar-

• •

Questions d'eau

Bain ou douche ? Tout dépend. Un bain rempli contient de 158 à 315 litres d'eau, tandis qu'une douche de cinq minutes, s'il s'agit d'un pommeau à faible débit, ne laisse couler que de 45 à 68 litres.

Lave-vaisselle ou vaisselle lavée à la main ? Tout dépend. Laver la vaisselle en laissant le robinet ouvert entraîne une consommation d'eau pouvant atteindre 135 litres, mais remplir une bassine d'eau ne nécessite que 22 litres. Le lave-vaisselle moyen utilise environ 65 litres, mais certains nouveaux modèles se limitent à 13 litres.

• •

rosage de la pelouse et du potager. Quant à la collecte de l'eau de pluie, elle consiste à récupérer l'eau qui s'écoule du toit de la maison et à l'utiliser dans le potager, pour la chasse d'eau de la toilette et pour la lessive. En Australie, la collecte de l'eau de pluie a aidé plusieurs collectivités à différer des investissements de plusieurs centaines de millions de dollars dans les infrastructures. Quelques villes australiennes, dont Adelaide, exigent que toutes les maisons neuves soient dotées d'un réservoir de captage de l'eau de pluie. En Allemagne, des subventions gouvernementales et des programmes de sensibilisation ont favorisé la popularité croissante de la collecte de l'eau de pluie. La ville d'Austin, au Texas, vend sous le prix coûtant des barils pour récupérer l'eau de pluie et offre une remise maximale de 500 $ aux personnes qui installent un système de collecte.

Réparez

Un robinet qui laisse couler une goutte d'eau par seconde gaspille près de 9 000 litres d'eau par année. Une toilette qui fuit est bien plus vorace et peut gaspiller jusqu'à 328 500 litres par année. Même si les services d'un plombier sont onéreux, vous épargnerez sur vos factures d'eau bien plus que ce que coûtera la réparation des fuites. Si vous êtes le moindrement habile, effectuez vous-même les réparations mineures. Pour détecter une fuite, relevez votre compteur d'eau avant et après une période de deux heures sans utilisation d'eau. Si le relevé n'est pas exactement le même les deux fois, c'est signe qu'il y a une fuite.

Vous pouvez vérifier si la toilette fuit en ajoutant un colorant alimentaire dans le réservoir. En cas de fuite, le colorant apparaîtra dans la cuvette en moins de 15 minutes. Actionnez la chasse d'eau dès que vous avez terminé la vérification, car le colorant alimentaire pourrait tacher la cuvette. La plupart des pièces de rechange sont peu coûteuses, rapidement disponibles et faciles à installer. Pour une excellente introduction à la réparation d'une toilette, consultez le site *www.toiletology.com* (en anglais).

Remplacez

Dans de nombreuses régions du monde développé, les foyers sont encore munis d'appareils et d'installations sanitaires (toilette, douche, robinetterie, machine à laver et lave-vaisselle) qui gaspillent beaucoup d'eau. Il faut savoir que leur remplacement par des modèles économes entraîne une baisse de la consommation d'eau pouvant atteindre 75 %. D'ailleurs, le Congrès des États-Unis a adopté en 1992 une loi qui impose l'installation de toilettes (6 litres par chasse d'eau), de pommeaux de douche (11 litres à la minute) et de robinets (11 litres à la minute) à bas débit dans toutes les unités d'habitation neuves. Malheureusement, le gaspillage d'eau continue dans les résidences plus anciennes, et le Canada n'a pas encore imité les États-Unis en ce qui concerne l'imposition d'appareils et d'installations sanitaires économes.

La priorité doit être accordée aux toilettes. Les toilettes plus anciennes utilisent généralement de 13 à 20 litres d'eau par chasse, mais jusqu'à 30 litres dans certains cas. Les modèles consommant 13 litres par chasse représentent encore aujourd'hui le quart des ventes de toilettes au Canada, de sorte que plus de huit milliards de litres d'eau sont consommés inutilement chaque année. Une autre solution est offerte par la toilette à double débit, qui permet à chacun de choisir la quantité d'eau utilisée par chasse (six ou trois litres). Ces toilettes sont maintenant très répandues en Australie et en Europe. Consultez les sites *www.cwwa.ca* ou *www.cuwcc.org* (le second en anglais) pour obtenir des données à jour sur la consommation d'eau des différents modèles offerts.

Il est étonnant de constater les sommes épargnées grâce à des installations sanitaires économes en eau. Ainsi, le remplacement d'un modèle standard (19 litres) par un modèle de toilette à bas débit (6 litres) peut vous faire épargner plus de 100 $ par année et réduire votre consommation d'eau de plus de 75 000 litres. L'achat d'un modèle à haut rendement peut même vous faire économiser 20 $ de plus par année et abaisser votre consommation d'eau de 12 000 litres supplémentaires. Les nouveaux pommeaux de douche à débit ultrafaible peuvent faire diminuer de 35 à 70 $ par année les coûts d'utilisation de l'eau, selon la fréquence et la durée des douches. Le gouvernement australien a mis sur pied un système d'étiquetage permettant aux consommateurs de repérer les lave-vaisselle, les machines à laver, les robinetteries et les toilettes les plus économes en eau. Ainsi, plus les coûts de l'eau et de l'énergie montent, plus les économies découlant de l'achat d'appareils à faible consommation deviennent appréciables. Au moment d'acheter une machine à laver neuve, vous devriez privilégier un modèle écoénergétique à chargement frontal. Par rapport aux modèles à chargement par le haut, ils utilisent la moitié moins d'eau, abîment moins les vêtements et font diminuer le temps du séchage grâce à un essorage plus vigoureux. Ils entraînent également une diminution de plus de 50 % de l'énergie nécessaire au chauffage de l'eau employée pour le lavage des vêtements.

● ●

Une cerise verte sur le sundae des économies d'énergie

Une diminution de votre consommation d'eau et d'énergie vous permettra de réaliser des économies, et de nombreux gouvernements et services publics vous proposeront même des incitations financières. Ceux-ci offrent des ristournes et des crédits fiscaux aux contribuables qui installent des coupe-froid, un chauffe-eau solaire, des toilettes et robinets à bas débit, etc. Les programmes d'incitation sont très diversifiés et les montants versés atteignent parfois quelques milliers de dollars.

Ristournes et incitations financières offertes par Environnement Canada : *www.ec.gc.ca/incitatifs-incentives*

Subventions et incitations financières offertes par Ressources naturelles Canada : *http://oee.nrcan.gc.ca/organisme/subventions.cfm?attr=0*

Programmes de récompenses d'Hydro-Québec : www.hydroquebec.com/mieuxconsommer

Programmes de l'Agence de l'efficacité énergétique du Québec : www.aee.gouv.qc.ca/programmes-et-aides-financières

● ●

Inspiration

De nombreuses collectivités ont épargné des centaines de millions de dollars après avoir adopté des mesures de conservation et d'économie d'eau, au lieu d'élargir leurs infrastructures consacrées au stockage, au traitement et à la distribution de l'eau. Confrontée à des coûts estimés à 125 millions de dollars pour acquérir un nouveau système d'approvisionnement en eau, la municipalité de Durham (Ontario) s'est plutôt dotée d'un programme écoénergétique global étalé sur 10 ans qui lui a coûté seulement 17 millions. Aux États-Unis, les autorités municipales de New York, Boston, Seattle et Albuquerque (Nouveau-Mexique) ont obtenu une diminution de la consommation d'eau de 25 % à 30 % grâce à la mise en œuvre de programmes de conservation. St. Petersburg (Floride) a été la première grande ville américaine à procéder à la récupération de toutes ses eaux usées et à ainsi cesser de les décharger dans les ruisseaux, les rivières et les lacs des environs. Ces eaux usées reçoivent un traitement adéquat et servent ensuite à l'arrosage des pelouses, des parcs et des autres espaces verts municipaux.

En résumé

Maximiser les économies d'eau et d'énergie constitue un bon investissement, pas un sacrifice. En ce qui concerne l'énergie, faites faire une analyse énergétique professionnelle et suivez-en les recommandations. Mettez en pratique les changements à coût faible ou nul que nous proposons, en commençant par la baisse de la température de votre système de chauffage et de votre chauffe-eau. Achetez toujours les appareils électroménagers et électroniques les plus écoénergétiques. Adoptez les sources d'électricité vertes, même s'il faut acquitter des frais initiaux modestes. Pour réduire votre consommation d'eau, prenez les moyens décrits ici : réduire, réparer et remplacer.

Construire en vert

La conception d'immeubles verts en réduit l'empreinte écologique et offre à leurs occupants des espaces de vie, de travail et d'étude plus sains et plus confortables. Des études ont montré que les immeubles verts favorisent de meilleurs résultats d'examens pour les étudiants, un chiffre d'affaires plus élevé pour les commerçants, une productivité accrue dans les bureaux et les usines, et une sortie de l'hôpital plus rapide pour les patients. Les immeubles verts offrent aussi d'autres avantages : une valeur marchande plus élevée, des coûts d'exploitation plus bas, un risque de dépréciation plus faible et des pressions moindres sur les infrastructures locales. Les coûts de conception et de construction des immeubles verts sont identiques ou légèrement supé-rieurs (de 2 % à 5 %) à ceux des immeubles traditionnels. Les immeubles verts conformes aux normes dites LEED (*Leadership in Energy and Environmental Design,* c'est-à-dire « leadership en matière d'énergie et de conception éco-logique ») apportent des avantages financiers (valeur marchande accrue, moindre consommation d'eau et d'énergie, et primes d'assurance plus basses) qui sont dix fois plus élevés que les coûts supplémentaires découlant d'une conception et d'une construction vertes.

Conseils pour la construction d'une maison verte

- Évitez de construire une maison plus grande que ce qu'il vous faut.
- Choisissez un emplacement vous permettant de réduire au minimum vos déplacements en voiture.
- Rénovez une maison déjà construite et réutilisez les matériaux.
- Réduisez au minimum les déchets issus de la construction.
- Choisissez des matières à faible contenu énergétique (la quantité d'éner-gie utilisée pour leur production).
- Utilisez des matériaux d'origine locale.
- Utilisez des matériaux aux composantes faciles à séparer en vue de leur réutilisation ou de leur recyclage.
- Assurez-vous que votre maison sera le plus écoénergétique possible.
- Adoptez des sources d'énergie renouvelables.
- Utilisez un procédé de conception intégré pour établir des cibles ambi-tieuses en matière de consommation d'énergie, d'eau et de matériaux, et pour garantir une construction à haut rendement.

On réalise des progrès remarquables dans la construction d'immeubles verts. Comme le disent des experts, « les meilleurs immeubles construits aujourd'hui n'étaient pas réalisables il y a dix ans, tout comme les meilleurs immeubles qui seront construits dans dix ans ne sont peut-être même pas imaginables aujourd'hui ». Les immeubles durables économisent l'eau et l'énergie plutôt que de les gaspiller, produisent une partie ou la totalité de leur énergie à partir de sources propres et renouvelables, et offrent des espaces bien éclairés et confortables. Les experts estiment que, d'ici 2020, la consommation d'énergie des maisons neuves aura diminué de près de 80 % par rapport à celle des immeubles traditionnels. Quant aux maisons existantes, une diminution de leur consommation d'énergie de la moitié ou des deux tiers représente un objectif raisonnable. L'atteinte de tous ces buts ne sera pas toujours facile, mais elle est certainement possible, et elle entraînerait des économies d'énergie telles qu'il suffirait d'installer des panneaux solaires (photovoltaïques et thermiques) sur le toit de la plupart des maisons pour que leur consommation nette d'énergie devienne nulle.

Trois repas par jour, sans dévorer la planète

Il n'est pas nécessaire de se mettre à manger seulement des fruits sauvages, rehaussés parfois de quelques larves ou d'un écureuil grillé.

DAVE REAY

D'un certain point de vue, le système alimentaire actuel semble être une réussite extraordinaire. Il offre des aliments bon marché en quantités inégalées, en tout temps et en tout lieu. Par contre, d'un point de vue nutritionnel et écologique, il est engagé dans une voie des plus périlleuses. Séduits par les promesses des entreprises agroalimentaires et leurs campagnes publicitaires à grande échelle, éblouis par l'immense diversité des choix offerts et par les quantités apparemment infinies des produits alimentaires disponibles, de nombreux citoyens des pays industrialisés ont adopté un régime alimentaire néfaste pour eux-mêmes et pour la planète. Nous buvons des torrents de boissons gazeuses et mangeons des montagnes d'aliments exempts de tout élément nutritif. En Amérique du Nord, nous ingurgitons des portions deux, trois, voire quatre fois plus grandes qu'auparavant. Nous consommons des aliments venus de l'autre côté de la planète, mais nous jetons la moitié de ce que nous achetons. Nous mangeons des aliments assaisonnés de pesticides, d'antibiotiques et d'hormones, et nous fermons les yeux sur les répercussions globales de nos choix alimentaires. Notre système agro-industriel est à l'origine de divers phénomènes écologiques.

- L'élevage du bétail contribue davantage que le secteur du transport aux changements climatiques.
- L'emploi de pesticides chimiques a augmenté de 600 % aux États-Unis pendant la seconde moitié du XXe siècle.
- Dans le monde, le recours aux engrais chimiques a triplé de 1945 à 1960, triplé de nouveau de 1960 à 1970, et encore doublé de 1970 à 1980.
- L'agriculture est un des facteurs du déclin de plus de la moitié des espèces menacées d'extinction aux États-Unis.
- L'Agence de protection de l'environnement des États-Unis estime que l'agriculture est la source de 70 % de la pollution de l'eau dans ce pays.
- Le Mississippi a créé une vaste zone morte dans le golfe du Mexique, en y déposant d'immenses quantités de fumier, de pesticides et d'engrais chimiques.
- La production de viande exige l'emploi d'énormes volumes d'eau. Par exemple, le bœuf nécessite jusqu'à 70 000 litres d'eau par kilo de viande produite, et le poulet, jusqu'à 6 000 litres par kilo.
- L'élevage de bœufs, de porcs et de poulets produit annuellement environ cinq tonnes de fumier par Nord-Américain.
- En Amazonie, des millions d'hectares de forêt dense équatoriale ont disparu depuis 1970 au profit du pacage et des cultures fourragères.
- Le volume mondial de la pêche s'est accru de près de 500 % au cours des 50 dernières années, alors que les populations de gros poissons (requins, thons, espadons, etc.) sont maintenant dix fois moins importantes.
- Plus de 90 pays, dont le Canada et les États-Unis, pratiquent impunément la surpêche, c'est-à-dire qu'ils prélèvent les poissons présents dans leurs eaux territoriales plus rapidement que les populations peuvent se reproduire.
- Certains types de pisciculture polluent le milieu marin par le déversement de produits chimiques, de pesticides et d'antibiotiques ; ils menacent la survie d'espèces sauvages en favorisant la prolifération de parasites et d'agents pathogènes.

Il n'y a pas que l'environnement qui pâtit de nos choix alimentaires non durables. Nos régimes alimentaires actuels nous rendent malades et finissent même parfois par nous tuer. Les Centres de lutte contre les maladies des États-Unis estiment que, chaque année, 76 millions d'Américains contractent une maladie d'origine alimentaire (soit 200 000 personnes par jour), que plus de 325 000 sont hospitalisés à cause d'une telle maladie (900 par jour) et que 5 000 en meurent (14 par jour). Moins de 10 % des Américains ont un régime alimentaire sain. Les coûts médicaux qu'engendrent six problèmes de santé liés à l'alimentation — les maladies coronariennes, le cancer, les accidents cérébrovasculaires, le diabète, l'hypertension et l'obésité — s'élèvent à quelque 100 milliards de dollars par année.

Ce que vous pouvez faire

Les éléments-clés de l'empreinte écologique alimentaire sont les pratiques agricoles et halieutiques, le traitement, l'emballage et le transport des produits alimentaires, ainsi que les activités domestiques (réfrigération, cuisson, etc.). Les régimes alimentaires actuels en Occident ont des incidences écologiques quatre fois plus grandes que ce qu'ils devraient avoir pour être viables, ce qui signifie que nous devons tous fortement réduire l'empreinte écologique de notre alimentation. La consommation d'aliments biologiques, essentiellement végétaux et d'origine locale, peut réduire l'empreinte de notre régime alimentaire de 90 %, en plus d'être très bénéfique pour notre santé. Voici six changements simples à adopter :
1. Mangez moins de viande, d'œufs et de produits laitiers.
2. Achetez des aliments d'origine locale.
3. Achetez des aliments biologiques.
4. Privilégiez les aliments entiers plutôt que les aliments transformés.
5. Diminuez votre apport calorique.
6. N'achetez pas d'eau en bouteille.

Mangez moins de viande, d'œufs et de produits laitiers

*La grandeur et le progrès moral d'un pays se mesurent
à l'aune du traitement réservé à ses animaux.*

MAHATMA GANDHI

La viande, les œufs et les produits laitiers constituent les aliments les plus écologiquement dommageables que consomment la plupart des individus. Préconiser une baisse de la consommation de ces aliments ne signifie pas d'adopter un régime alimentaire végétarien ou végétalien, même s'il est vrai que ce sont là des options saines, écologiquement viables et financièrement sensées. Rappelons ici qu'un végétarien ne mange ni viande, ni volaille, ni poisson, tandis qu'un végétalien ne consomme pas non plus d'œufs ni de produits laitiers. Voici quelques façons de réduire la place de la viande dans votre régime alimentaire.

• Consommez de plus petites portions de viande et de produits laitiers.
• Mangez moins fréquemment de la viande et des produits laitiers.
• Remplacez la viande par des produits ayant la même apparence et le même goût mais renfermant des protéines végétales (exemple : hamburger végétarien).
• Faites l'essai de repas végétariens à la maison ou au restaurant.
• Empruntez à la bibliothèque un livre de recettes végétariennes ou végétaliennes.
• Abstenez-vous de manger de la viande un jour par semaine.

Certaines personnes craignent qu'un régime alimentaire végétarien ne leur fournisse pas suffisamment de protéines, mais ces craintes ne sont pas fondées. Les professionnels de la santé reconnaissent maintenant qu'un régime alimentaire surtout végétal améliore la santé et diminue les risques de maladie. Voici quelques sources de protéines dans un régime végétarien :

- Noix et graines : noisettes, noix du Brésil, amandes, noix d'acajou, noix de Grenoble, graines de sésame, graines de citrouille, graines de chanvre, graines de tournesol.
- Légumineuses : haricots (haricots noirs, haricots secs, petits haricots blancs, haricots de Lima, de fèves de soya, pois chiches), pois (petits pois, pois jaunes secs, doliques à œil noir), lentilles, arachides.
- Graines et céréales : riz, blé, millet, quinoa, orge, sarrasin, maïs, épeautre, kamut, avoine, seigle, amarante.
- Légumes verts à feuilles : épinards, chou vert frisé, chou vert, algues, varech.
- Produits de soya : tofu, tempeh, lait de soya.
- Produits laitiers : œufs, fromages, lait, yogourt.

Certaines protéines végétales sont incomplètes et doivent être combinées à d'autres protéines. Maïs et haricots, beurre de noix et pain à grains entiers, riz et lentilles ou pois cassés sont autant d'exemples de bonnes combinaisons. En résumé, un large éventail d'aliments sains procure un apport protéinique suffisant.

Si vous préférez continuer à manger de la viande, des œufs et des produits laitiers, il est écologiquement plus viable pour les individus et les écosystèmes d'acheter ces aliments d'agriculteurs de votre région qui ont adopté des pratiques biologiques, c'est-à-dire dont les animaux sont élevés en liberté, mangent de l'herbe et du foin, et ne reçoivent ni hormones ni antibiotiques (voir le site de la Fédération d'agriculture biologique du Québec, *www.fabqbio.ca,* ou encore *www.eatwellguide.org* pour les États-Unis et le Canada). Les agriculteurs et les bouchers de votre région sont les meilleures sources d'information à ce sujet. En général, c'est la production de bœuf qui cause les plus grands dommages à l'environnement, suivie de celle du porc et du poulet. La production d'un kilo de bœuf peut engendrer autant de dioxyde de carbone qu'une voiture européenne moyenne parcourant 250 kilomètres. Bien sûr, vous pouvez prendre avec un grain de sel la suggestion de manger moins de viande si vous avez un mode de vie de subsistance ou que vous vivez dans un lieu où le climat et la géographie restreignent vos options culinaires (l'Arctique ou le désert de Kalahari, par exemple).

Si vous mangez des produits de la mer — et il est clair que certains de ces produits sont très bons pour la santé —, assurez-vous de choisir des espèces non contaminées et prélevées selon des pratiques viables. La contamination au mercure atteint aujourd'hui des espèces marines de

• •

Découvrez une cuisine savoureuse et écologique

Tofu au sésame

- 1 bloc de tofu biologique extraferme

- 15 ml (1 c. à soupe) de sauce soja ou de sauce tamari biologique

- 30 ml (2 c. à soupe) d'huile de sésame

- 15 ml (1 c. à soupe) de gingembre râpé

- Poivre moulu

- Graines de sésame

Coupez le tofu en cubes d'un centimètre et mélangez-le aux autres ingrédients. Étalez le tout sur une tôle à biscuits et faites cuire au four à 180 °C (350 °F) pendant 20 à 25 minutes. Servez avec des légumes cuits à la vapeur et du riz. Ajoutez de la sauce aux arachides, au goût.

Livres de recettes végétariennes

Collectif, *Cuisine végétarienne,* trad. Line Plante, Montréal, Brimar, 2007, 256 p.

Collectif, *Cuisine végétarienne,* trad. Élisabeth Boyer et Ella Lewandowski, Paris, Marabout, 2003, 246 p.

grande taille (thon, espadon et requin) et de nombreux types de poissons faisant l'objet de la pêche de loisir dans les lacs nord-américains. Pour vous aider à prendre les bonnes décisions en la matière, des groupes écologistes du monde entier établissent et mettent régulièrement à jour des listes de produits sains. Vous pouvez ainsi consulter le *Guide canadien des poissons et fruits de mer (www.seachoice.org)*, ou encore la « liste rouge » de

COLLECTIF, *Cuisine végétarienne pour tous,* trad. Virginie Clamens, Rome, Fioréditions, 2003, 304 p.

DIDI EMMONS, *Planète végétarienne,* trad. Yves Gosselin, Varennes (Québec), Ada, 2008, 451 p.

DEBORAH MADISON, *Vegetarian Cooking for Everyone,* New York, Broadway Books, 1997, 748 p.

PATRICIA TULASNE et ANNE-MARIE ROY, *Végétariens… mais pas légumes !,* Outremont (Québec), Publistar, 2003, 246 p.

Recettes végétariennes pour carnivores hésitants, gratuit à l'adresse suivante : *www.univertcite.org/pdf/Livrecette.pdf*

Livres de recettes végétaliennes

DREENA BURTON, *Eat, Drink & Be Vegan,* Vancouver, Arsenal Pulp Press, 2007, 176 p.

ERIC LECHASSEUR et SANAE SUZUKI, *Love, Eric et Sanae. Seasonal Vegan Macrobiotic Cuisine,* Santa Monica (Californie), Mugen LLC, 2007, 106 p.

ISA CHANDRA MOSKOWITZ, *Vegan With a Vengeance: Over 150 Delicious, Cheap, Animal-Free Recipes That Rock,* Marlowe & Company, 2005, 280 p.

MOIRA O'REILLY, *Recettes simplement végétaliennes,* 2e édition, Outremont (Québec), Quebecor, 2008, 217 p.

THE PEOPLE'S POTATO PROJECT (Université Concordia), *Vegan on a Shoestring,* 2002, 135 p. Commander en contactant peoplespotato@tao.ca

Recettes gratuites sur le site de Vegan Québec : *www.veganquebec.net*

• •

Greenpeace Canada *(www.greenpeace.org/canada)*, qui répertorie les espèces dont la production est dommageable pour l'environnement afin de guider le choix des consommateurs.

Dans quelle mesure un régime alimentaire surtout végétal peut-il contribuer à réduire l'empreinte écologique des aliments que vous consommez ? La production de protéines animales nécessite dix fois plus d'énergie et engendre dix fois plus d'émissions de gaz à effet de serre que la production de protéines végétales. En outre, la production de viande impose l'utilisation de terres d'une superficie de six à vingt fois plus grande et d'un volume d'eau de cinq à vingt-cinq fois plus élevé que la production de protéines végétales, tout en causant une pollution de l'eau de cinq à dix-sept fois plus importante. De même, la pêche par chalutier consomme quatorze fois plus d'énergie que la culture de protéines végétales. C'est pourquoi l'adoption d'un régime alimentaire essentiellement végétal peut réduire l'empreinte écologique de votre alimentation dans une proportion pouvant atteindre 90 %. Par ailleurs, il faut savoir que le régime alimentaire américain moyen, à base de viande, engendre

• •

Exemples de produits de la mer nord-américains recommandés

Les meilleurs choix
(aucune contre-indication, car ces produits sont pêchés ou élevés selon des méthodes écologiquement viables)

- Barbotte (d'élevage, des États-Unis)
- Flétan (sauvage, du Pacifique)
- Goberge (sauvage, d'Alaska)
- Palourde (d'élevage)
- Tilapia (d'élevage, des États-Unis)
- Truite arc-en-ciel (d'élevage)

À consommer de temps en temps

(il existe quelques incertitudes concernant la santé ou l'environnement)

■ Barbotte (d'élevage, international)

■ Calmar

■ Crabe (royal, des neiges)

■ Homard (de l'Atlantique)

■ Palourde (sauvage, de l'Atlantique, panope du Pacifique)

À éviter

(il existe de graves incertitudes concernant la santé ou l'environnement)

■ Bar du Chili ou légine australe

■ Baudroie

■ Hoplostète orange

■ Morue (de l'Atlantique)

■ Requin

■ Saumon (d'élevage)

■ Sébaste

■ Thon (rouge)

Le dilemme du saumon sauvage

Il est difficile de formuler une recommandation sur la consommation de saumon sauvage, parce que les différentes populations ne sont pas toutes dans le même état et que l'état d'une même population change d'une année à l'autre. Ainsi, en 2007, des spécialistes canadiens de la pêche ont indiqué que le saumon rouge de la rivière Nass et le saumon rose pêché à la senne étaient de « bons » choix, tandis que le saumon quinnat et le saumon rose du fleuve Fraser étaient de « mauvais » choix. Malheureusement, ce type d'information ne figure généralement pas sur les emballages, si bien que les amateurs de saumon sont invités à consulter régulièrement les sites *www.seafood watch.org* et *www.seachoice.org* et à s'enquérir de la provenance du saumon avant d'en acheter à la poissonnerie ou d'en manger au restaurant.

• •

chaque année près d'une tonne et demie de dioxyde de carbone de plus qu'un régime alimentaire végétalien, soit une différence semblable à celle qui existe entre les émissions annuelles produites par une voiture traditionnelle et par une voiture hybride. Ainsi, si vous voulez amoindrir votre empreinte écologique, il importe peut-être davantage de changer votre régime alimentaire que votre voiture.

C'est également pour des raisons de santé qu'il faut diminuer notre consommation de viande. Une telle diminution a pour effet d'atténuer les risques de problèmes de santé chroniques, qu'il s'agisse d'une maladie cardiaque, d'un accident cérébrovasculaire, de l'obésité, de l'hypertension, d'un cancer, d'une maladie vésiculaire ou du diabète. Parmi les bienfaits qu'apporte une moindre consommation de viande, d'œufs et de produits laitiers, il y a aussi :

- une diminution du risque d'infection par des agents pathogènes comme *E. coli* 0157:H7, *Salmonella, Listeria, Toxoplasma* et *Campylobacter,* qui causent la majorité des maladies d'origine alimentaire.
- une diminution de l'exposition aux maladies infectieuses résultant de la production industrielle de viande, telles que la grippe aviaire, la grippe porcine et l'encéphalopathie spongiforme bovine (la « maladie de la vache folle »).

Un autre problème de santé lié à la consommation de viande découle de l'administration intensive d'antibiotiques au bétail. Plus de la moitié de tous les antibiotiques consommés en Amérique du Nord sont donnés au bétail, et, dans 90 % des cas, on le fait pour accélérer la croissance des animaux plutôt que pour soigner des infections. L'administration intempestive d'antibiotiques a favorisé l'apparition de bactéries antibiorésistantes pouvant être transmises aux êtres humains. L'antibiorésistance entraîne une hausse des décès, des maladies de longue durée, du risque d'épidémie mondiale et des coûts des soins de santé.

Réduire sa consommation de viande est aussi une bonne décision d'un point de vue éthique. La quantité totale de céréales consacrées à l'alimentation du bétail aux États-Unis pourrait nourrir 840 millions de personnes ayant un régime alimentaire végétarien. Si tous les citoyens du monde mangeaient autant de viande que le font les Américains, la planète ne pourrait nourrir que 2,5 milliards de personnes. En outre, pour maintenir le rythme actuel de consommation des produits de la mer, il faudrait que les océans soient deux fois et demie plus volumineux. Par ailleurs, une moindre consommation de viande, d'œufs et de produits laitiers ainsi que l'adoption d'aliments produits de façon viable contribueraient à freiner les traitements inhumains infligés aux animaux dans les fermes industrielles et les abattoirs.

Les tendances à l'œuvre dans le monde montrent que nous devons réduire maintenant notre consommation de viande, laquelle a quintuplé au cours des 50 dernières années et va sans doute doubler encore dans les prochaines décennies. Des scientifiques craignent que, en 2030, le monde ne parvienne plus à produire assez de céréales pour nourrir le bétail nécessaire afin de satisfaire la demande croissante de viande. En outre, certains experts prévoient que, si la tendance actuelle en matière de consommation de produits de la mer se maintient, tous les stocks de poissons faisant l'objet d'une exploitation commerciale seront épuisés d'ici 2048.

Inspiration

Environ 4 % des Canadiens et des Américains sont végétariens. Parmi les végétariens célèbres du passé ou actuels, on retrouve Léonard de Vinci, Pythagore, Albert Einstein, Léon Tolstoï, Gandhi, Benjamin Franklin, Steve Jobs et Dave Scott (vainqueur à six reprises du triathlon « *Ironman* » d'Hawaii). Benjamin Franklin estimait qu'un régime végétarien favorisait « une plus grande clarté d'esprit et une meilleure compréhension ». Quant à l'écrivain George Bernard Shaw, il affirmait qu'« un esprit de mon envergure ne saurait obtenir des vaches la nourriture qui lui est nécessaire ». D'autre part, le *British Medical Journal* a récemment publié une étude qui conclut que les enfants dotés d'une intelligence supérieure à la moyenne sont plus susceptibles de devenir végétariens à l'âge adulte.

Mangez local

Manger des aliments d'origine locale équivaut à se rebeller contre un système alimentaire complètement détaché de la réalité écologique. La ciboulette récoltée en Angleterre est transportée en avion au Kenya, ajoutée aux légumes cultivés dans ce pays puis retransportée en avion jusqu'en Angleterre pour y être vendue dans les supermarchés. Les produits de la mer pris sur la côte Ouest de l'Amérique du Nord sont envoyés en Chine pour y être transformés, avant d'être retransportés aux États-Unis et au Canada. Avec la mondialisation, il arrive souvent qu'un pays exporte et importe un même aliment. Par exemple, le Canada exporte aux États-Unis, en Europe et en Afrique de l'eau embouteillée, pendant qu'il importe de ces mêmes endroits… de l'eau embouteillée ! En Californie, les importations de fraises du Mexique culminent pendant la saison des fraises en Californie…

L'expression « kilomètre-aliment » désigne la distance que parcourent les aliments entre le lieu de production et celui de leur consommation. Une étude originale a montré que les aliments achetés dans des supermarchés de Chicago avaient été transportés sur une distance moyenne de 2 400 km, soit 33 fois la distance que parcourent les aliments faisant partie des programmes d'alimentation locale. Par rapport aux aliments d'origine locale, les aliments offerts dans les supermarchés ont nécessité une consommation de carburant de quatre à dix-sept fois supérieure et engendré de cinq à dix-sept fois plus d'émissions de gaz à effet de serre. Dans la même veine, une étude comparative effectuée à Toronto, portant sur sept aliments achetés dans un marché de producteurs et sept aliments similaires achetés dans un supermarché, a révélé que les aliments d'origine locale avaient parcouru une distance moyenne de 101 km, comparativement à 5 364 km pour ceux du supermarché. Les aliments importés avaient ainsi engendré jusqu'à mille fois plus d'émissions de gaz à effet de serre que les produits d'origine locale. Le transport par avion de 500 grammes d'agneau frais de la Nouvelle-Zélande jusqu'à Toronto produit plus de huit kilogrammes de dioxyde de carbone, tandis que le transport par camion de la même quantité d'agneau provenant d'une ferme locale n'en produit que sept grammes.

Malgré la hausse des coûts de l'énergie, le niveau de kilomètres-aliments a grimpé en flèche. La Chine est maintenant la deuxième source (après les États-Unis) d'importations d'aliments au Canada, ce qui soulève désormais des inquiétudes quant à la sécurité alimentaire du pays. Bien entendu, ce sont les aliments parcourant le plus long trajet en avion qui engendrent l'empreinte écologique la plus grande, du fait qu'un tel transport est très énergivore et produit beaucoup de gaz à effet de serre et d'autres agents polluants. Pourtant, le transport aérien des aliments connaît une croissance fulgurante…

L'achat d'aliments d'origine locale est un excellent moyen de réduire ses kilomètres-aliments, de retrouver les rythmes de la nature et de diminuer l'empreinte écologique de son régime alimentaire. Ces aliments exigent également moins d'emballage parce que la durée du transport et la distance parcourue sont nettement moindres. En outre, ils sont plus frais et plus nutritifs, et ils ont meilleur goût. Ils offrent aussi les avantages suivants :

- Vous pouvez encourager les agriculteurs locaux qui offrent un large éventail de fruits et de légumes produits pour leur fraîcheur et leur bon goût plutôt que pour leur longue durée de conservation.
- Vous pouvez favoriser la préservation de diverses variétés traditionnelles de fruits et légumes et d'animaux d'élevage.
- Vous pouvez donner un coup de pouce à l'économie locale.
- Vous pouvez aider une autre espèce menacée : la ferme familiale.

Les affiches en magasin et les étiquettes des produits alimentaires sont les principales sources d'information disponibles concernant la provenance de ces produits. Recherchez les mots « Récolté au… » ou « Fait au… » suivis du nom de votre pays, de votre région ou de votre localité. Ne vous laissez pas leurrer par une étiquette arborant les mots « Importé par… » suivis du nom d'une entreprise locale. En fait, un produit ainsi étiqueté provient souvent de très loin. Les étiquettes apposées sur les produits alimentaires sont même parfois trompeuses. Au Canada, par exemple, des consommateurs croient que les fruits et légumes portant la mention « BC Hothouse » (une marque populaire) sur leur étiquette proviennent de la Colombie-Britannique. En réalité, BC Hothouse est simplement le nom de l'entreprise, dont certains fruits et légumes sont importés du Mexique et des États-Unis. La réglementation en vigueur dans certains pays au sujet de l'étiquetage autorise parfois la présence des mots « Fabrication locale » sur l'étiquette des aliments lorsque la majorité de la valeur ajoutée provient d'une source locale. Ainsi, au Canada, le jus de pomme fait à partir de pommes chinoises et d'eau canadienne peut être étiqueté « Produit du Canada ». L'étiquetage des aliments aux États-Unis comporte aussi des lacunes, comme l'illustre le cas des poissons étiquetés selon l'origine du bateau de pêche plutôt que selon l'endroit où le poisson a été pêché. C'est pourquoi le thon capturé au large des côtes de l'Amérique du Sud par un bateau de pêche immatriculé aux États-Unis portera la mention « États-Unis » sur l'emballage.

En général, il est plus facile de trouver des aliments d'origine locale dans les petites épiceries que dans les supermarchés, à quelques exceptions près. Le propriétaire d'une épicerie est souvent plus réceptif aux demandes formulées par les clients pour qu'il offre davantage de produits locaux, si bien que vous avez avantage à lui demander les produits spécifiques que vous aimeriez acheter. Voici quelques autres moyens de consommer des aliments d'origine locale :

• Faites vos achats dans des marchés de producteurs.
• Achetez vos aliments dans le cadre d'initiatives favorisant l'agriculture soutenue par la communauté.
• Cultivez un potager sur votre propre terrain ou dans un jardin communautaire.

À cause de l'insatisfaction des consommateurs envers les aliments d'origine agro-industrielle, les marchés de producteurs connaissent actuellement une croissance phénoménale : de 1994 à 2004, leur nombre a doublé aux États-Unis. Ils offrent une vaste gamme d'aliments saisonniers frais, qu'il s'agisse de fruits, de légumes, de fromages artisanaux ou de viande produite selon des méthodes durables. Pour repérer le marché de producteurs le plus près de chez vous, vous n'avez qu'à consulter votre journal local ou Internet. Au Canada, ces marchés sont répertoriés par province (pour une liste par province, vous pouvez consulter le site *www.traveltowellness.com/canada*).

Les programmes d'agriculture soutenue par la communauté permettent aux consommateurs d'établir un partenariat avec des agriculteurs. En échange de la somme convenue, vous recevez chaque semaine une boîte remplie de fruits et légumes saisonniers frais, selon un arrangement qui assure un revenu stable au producteur et un approvisionnement en délicieux produits agricoles pour vous. Vous êtes un peu dans la position d'un actionnaire, sauf que vos dividendes, ce sont la saveur, la fraîcheur et les qualités nutritives des produits achetés, la possibilité de bien connaître un agriculteur local et la tranquillité d'esprit, plutôt que de l'argent liquide. C'est dans les années 1970 que des Japonaises, préoccupées par la présence de produits chimiques dans les aliments et par le déclin des fermes familiales, ont lancé le mouvement de l'agriculture soutenue par la communauté. Aux États-Unis, le premier programme de cette nature a vu le jour en 1985. Aujourd'hui, plus d'un millier de ces programmes sont recensés en Amérique du Nord. Pour repérer les programmes d'agriculture soutenue par la communauté au Canada et aux États-Unis, vous pouvez consulter le site *www.biodynamics.com*; au Québec, visitez les sites *www.biodynamie.qc.ca* ou encore *www.equiterre.qc.ca*

Le moyen le plus sûr, et aussi le plus satisfaisant, de consommer des produits d'origine locale consiste à les cultiver soi-même. Les arbustes et arbres fruitiers ne nécessitent que très peu d'entretien et produisent chaque année d'excellents fruits frais en abondance. Même un petit potager cultivé dans la cour arrière ou sur le balcon d'un appartement peut donner de délicieuses fines herbes, des fraises ou des tomates cerises. Il existe aussi des variétés naines (il s'agit ici du plant, non du fruit) de nombreux fruits et légumes, dont le maïs et les pommes. Si vous disposez d'un espace limité, vous pouvez aussi pratiquer le jardinage en contenants, c'est-à-dire cultiver des fruits, des légumes ou des fleurs dans des pots, des bols ou tout autre contenant pouvant recevoir de la terre et de l'eau. Si vous avez une cour, vous devriez songer à bêcher une partie ou la totalité du sol en vue d'y cultiver des produits agricoles. Récolter vous-même vos fruits et légumes aura pour effet de redéfinir votre rapport avec la terre, de rehausser votre estime pour les agriculteurs, de vous sensibiliser davantage au passage des saisons et même de vous amener à souhaiter qu'il pleuve !

Si vous habitez en milieu urbain et que vous n'avez pas de place pour aménager un potager dans votre logement, n'y renoncez pas pour autant. Un autre mouvement en pleine croissance est celui des jardins communautaires, dans lesquels des groupes de citoyens s'associent pour cultiver des produits agricoles sur des parcelles de terre mises en commun. À Saint-Pétersbourg, en Russie, plus de la moitié des cinq millions d'habitants cultivent des produits agricoles. À Londres, ils sont plus de 30 000 à pratiquer diverses cultures dans les jardins familiaux ou communautaires aménagés dans la ville. Vous pouvez consulter le site Internet de votre municipalité pour trouver le jardin communautaire le plus près de chez vous, ou encore le site *www.communitygarden.org* pour en savoir davantage sur la façon de mettre sur pied un tel jardin.

Il existe quelques exceptions à la règle selon laquelle les produits alimentaires d'origine locale ont une plus faible incidence écologique. Par exemple, les tomates et autres produits cultivés en serres chauffées dans les pays nordiques, bien qu'ils soient des produits locaux, peuvent avoir une grande empreinte écologique. De même, les achats locaux doivent parfois céder la priorité à des considérations sociales. L'achat de produits agricoles provenant d'un pays en développement peut apporter un revenu essentiel à des cultivateurs démunis et à leur collectivité. Lors de l'achat d'aliments importés, vérifiez s'ils ont fait l'objet d'une certification de commerce équitable. L'importance du commerce équitable réside dans le fait que les personnes qui cultivent, récoltent et vendent les produits que vous achetez sont adéquatement rémunérées et ont des conditions de travail raisonnablement bonnes. Au Canada et aux États-Unis, TransFair, la

Aménagez un potager bio

1. Choisissez un lieu bien ensoleillé et voyez si vous devez le clôturer (pour le protéger contre les chevreuils, les outardes, etc.).
2. Commencez par aménager un petit potager (par exemple, 3 mètres sur 4,5 mètres), que vous pourrez agrandir par la suite si l'expérience vous plaît.
3. Choisissez des espèces faciles à cultiver et donnant de délicieux produits frais (laitue, petits pois, tomates, carottes, haricots, bettes à carde, courgettes).
4. Pour mieux connaître les espèces qui poussent bien dans votre région, le bon moment pour semer, les bons engrais naturels, renseignez-vous auprès de voisins qui ont le pouce vert, à la pépinière, au magasin d'outils de jardin ou au marché de producteurs situés près de chez vous.
5. Bêchez la terre (vous pouvez la faire analyser si vous avez des craintes au sujet de sa qualité ou pour savoir comment l'amender).
6. Ajoutez un mélange fait de terreau, de compost et d'engrais organique.
7. Plantez des semences et des semis biologiques (selon les indications figurant sur les étiquettes).
8. Éclaircissez les plants, enlevez les mauvaises herbes et arrosez régulièrement (l'ajout de paillis ralentit la croissance des mauvaises herbes et réduit les besoins en arrosage).
9. Surveillez l'apparition de parasites et employez des moyens antiparasitaires biologiques.
10. Récoltez et savourez !

principale autorité de certification en matière de commerce équitable, a assorti son processus de certification de normes écologiques à respecter. Parmi les principaux produits largement disponibles via le commerce équitable figurent le café, le chocolat et les bananes. Les amateurs de café ambitieux peuvent même adopter le java à triple certification : commerce équitable, produit biologique et culture sous toile (qui assure la protection de l'habitat des oiseaux).

Inspiration

Jusqu'où peut être étendu le principe de l'achat de produits agricoles d'origine locale ? Alisa Smith et J. B. MacKinnon, deux écrivains de Vancouver, ont pratiqué un « régime alimentaire de 160 km » pendant un an, c'est-à-dire qu'ils n'ont (presque) rien mangé qui avait été cultivé, récolté ou traité au-delà de cette limite géographique qu'ils s'étaient imposée. Même s'ils ont dû affronter des situations contrariantes durant cette année (ni blé, ni sucre, ni sel), ils sont parvenus à se constituer un régime alimentaire sain et original. Ils ont également créé des liens d'amitié avec des agriculteurs et des pêcheurs locaux, et ils se sont étroitement intégrés aux réalités géographiques, climatiques et écologiques de la côte nord-ouest du Pacifique.

Avec son mari et ses deux filles, Barbara Kingsolver, une écrivaine américaine, a vécu un an dans une ferme en Virginie, où ils ont cultivé et récolté la plupart de leurs produits alimentaires, en plus d'acheter à l'occasion quelques produits d'origine locale. Ils ont fait des conserves, des marinades et des confitures et ont surgelé d'autres aliments afin d'avoir des provisions pour tout l'hiver. Le coût moyen d'un repas pour leur famille, sans compter leur travail, a été bien inférieur à 1 $.

Pour sa part, Gary Paul Nabhan a écrit un livre sur le régime alimentaire qu'il a adopté et qui se limite aux produits alimentaires cultivés, pêchés ou cueillis dans un rayon de 400 kilomètres de son domicile, situé à Tucson (Arizona). Nabhan a même parfois mangé la viande d'animaux tués sur la route, poussant un peu plus loin la recherche d'un régime alimentaire écologique.

Mangez bio

L'agriculture biologique associe les méthodes agricoles traditionnelles et la technologie moderne, tout en évitant le recours aux engrais et aux pesticides chimiques, aux organismes génétiquement modifiés, aux boues d'épuration et à l'irradiation. L'élevage biologique du bétail élimine l'obligation d'utiliser des hormones de croissance, des antibiotiques et de la nourriture faite de sous-produits d'origine animale. L'agriculture bio repose sur la protection et l'amélioration des sols, la rotation des cultures, le contrôle naturel des parasites, l'élevage de diverses espèces d'animaux et la culture de nombreuses plantes alimentaires. En Australie, au Canada, au Royaume-Uni, aux États-Unis et dans d'autres pays occidentaux, la mention « biologique » ne peut apparaître sur l'étiquette d'un aliment que si un organisme dûment accrédité a donné son approbation.

Nombreux sont ceux qui mangent des aliments biologiques surtout pour éviter d'ingérer des pesticides. Ceux-ci sont tellement répandus de nos jours que leurs résidus sont désormais détectés dans l'organisme de presque tous les Nord-Américains, y compris les nouveau-nés. Il y a 50 ans, 11 % du maïs américain était traité au moyen de pesticides ; cette proportion atteint aujourd'hui 95 %. L'exposition aux pesticides a été associée à une hausse du risque de cancer, à des troubles neurologiques (comme la maladie de Parkinson et la maladie d'Alzheimer), à des problèmes de développement (comme l'autisme), à des troubles de la procréation (comme des anomalies du sperme et des anomalies congénitales), à des dommages causés aux organes du corps et à des altérations du système hormonal humain. Les pesticides peuvent également produire des effets dévastateurs sur la faune et les écosystèmes en général. Le Service de la faune et des pêcheries des États-Unis estime que les pesticides causent la mort de quelque 67 millions d'oiseaux chaque année. Même les écosystèmes de l'Arctique et les parcs nationaux des montagnes Rocheuses sont contaminés par des résidus de pesticides, parce que ceux-ci s'évaporent des champs cultivés sur un autre continent, sont emportés par les courants-jets, précipitent et retombent ensuite au sol après avoir croisé un front froid.

La consommation d'aliments biologiques réduit nettement les risques découlant de l'exposition aux pesticides. Une étude effectuée en 2006, auprès d'un groupe d'enfants de Seattle ayant abandonné leur régime alimentaire traditionnel (c'est-à-dire fait de produits alimentaires

ayant été exposés aux pesticides) en faveur d'aliments biologiques, a révélé que les résidus de pesticides présents dans leur urine avaient rapidement baissé à un niveau indétectable. Les auteurs de cette étude en ont conclu que l'adoption d'un régime alimentaire biologique confère aux enfants une protection « vigoureuse et immédiate » contre les effets nuisibles à leur santé qui résultent de l'exposition aux pesticides. Certains faits tendent aussi à démontrer que les aliments biologiques sont plus nourrissants que les aliments traditionnels parce qu'ils offrent un meilleur apport en protéines et des taux plus élevés d'antioxydants, de vitamine C et de minéraux (calcium, fer, zinc et magnésium). En outre, ils apportent d'importants bienfaits pour la santé humaine et l'environnement. Ainsi, l'agriculture biologique favorise davantage la biodiversité et une diminution de la pollution de l'air et de l'eau. De surcroît, elle :
• permet des économies d'énergie ;
• réduit les émissions de gaz à effet de serre
• bonifie les sols et les rend plus fertiles ;
• comporte moins de risques pour la santé des agriculteurs et des travailleurs agricoles ;
• permet d'éviter les risques associés aux aliments génétiquement modifiés ;
• permet d'éviter les risques associés à l'épandage de boues d'épuration sur les cultures ;
• permet d'éviter le recours aux aires d'engraissage intensif et aux fermes-usines pour l'élevage.

La plupart des supermarchés et beaucoup d'épiceries plus modestes offrent des produits alimentaires biologiques, dont les ventes augmentent de plus de 20 % par année et atteignent maintenant environ 20 milliards de dollars aux États-Unis et plus de quatre milliards au Royaume-Uni. Si vous cherchez un produit biologique en particulier, le plus simple est de le demander à votre épicier de quartier. Il est d'ailleurs très probable que beaucoup d'autres consommateurs souhaitent aussi acheter ce produit. Les Producteurs biologiques canadiens proposent un répertoire des produits biologiques dans le site *www.cog.ca*. Vous pouvez également consulter le site *www.quebecbio.com*

Au moment de choisir les produits biologiques qui feront partie de votre régime alimentaire, accordez la priorité à ceux-ci : viande, produits laitiers, pêches, pommes, poivrons doux, céleri, nectarines, fraises, cerises, laitue, raisins, poires, épinards et pommes de terre. Tous les aliments biologiques pour bébé devraient aussi être prioritaires.

Les taux de pesticides les plus faibles se retrouvent dans les oignons, les avocats, le maïs surgelé, les mangues, les ananas, les pois surgelés, les asperges, les kiwis, les bananes, le chou, le brocoli et l'aubergine. Il est préférable de toujours laver les fruits et légumes frais, même biologiques.

Le principal reproche formulé à l'encontre des produits biologiques concerne leur coût plus élevé, et il est vrai qu'ils sont souvent plus onéreux, au sens habituel de ce terme. Mais les aliments traditionnels, s'ils semblent être meilleur marché, entraînent de nombreux coûts cachés, sous forme de dommages causés à l'environnement et de dépenses en soins de santé. Il y a 40 ans, les Américains consacraient 18 % de leurs revenus à l'alimentation et seulement de 5 à 6 % aux soins de santé. Aujourd'hui, ces proportions atteignent respectivement 9 % (la plus faible au monde) et entre 16 et 18 %. Quant aux Canadiens, ils consacrent actuellement 11 % de leurs revenus à l'alimentation, comparativement à 19 % dans les années 1960. La même tendance est à l'œuvre en Australie et au Royaume-Uni.

Dépenser davantage pour une alimentation plus saine a pour effet d'améliorer notre qualité de vie, de mieux protéger l'environnement et de faire diminuer les coûts des soins de santé. En résumé, les aliments biologiques valent amplement leur prix plus élevé.

Cependant, les aliments biologiques ne représentent pas toujours une meilleure option. Les répercussions écologiques du transport aérien sur de longues distances, de la congélation et de la production en serre sont parfois plus graves que celles de la production locale non biologique. Une étude britannique faite sur 26 aliments biologiques a révélé qu'ils avaient parcouru plus de 240 000 kilomètres avant d'arriver au supermarché. Il faut prendre l'habitude de vérifier la provenance des aliments que vous achetez. Les produits locaux et biologiques constituent les meilleurs choix. Plus longue est la distance que parcourent les aliments biologiques, plus faibles sont leurs bienfaits écologiques. Choisir des aliments d'origine locale est alors tout indiqué.

Inspiration

Le programme Edible Schoolyard (« Cour d'école comestible ») à Berkeley (Californie), fondé par la chef Alice Waters, propose de cultiver des légumes biologiques dans les cours d'école. Les enfants plantent des semences, acquièrent des connaissances de base en environnement et en nutrition, célèbrent la récolte et affichent leur fierté de se nourrir eux-mêmes. Ils apprennent la provenance des aliments et établissent un rapport positif avec la terre. Le programme Edible Schoolyard a fait de nombreux émules.

En Italie, de nouvelles lois obligent maintenant les autorités locales à inscrire des produits alimentaires biologiques d'origine locale au menu des cafétérias scolaires. Elles préconisent également une diffusion plus large du régime alimentaire sain de la Méditerranée (moins de viande, plus de fruits et légumes saisonniers, moins d'aliments transformés). Le chef Jamie Oliver a révolutionné les programmes alimentaires scolaires en Angleterre en faisant la preuve que des options saines et durables sont peu coûteuses et vraiment populaires auprès des enfants.

Mangez des aliments entiers

Pour réduire davantage votre empreinte écologique et améliorer votre santé, vous avez intérêt à éliminer la malbouffe, les repas rapides et les autres aliments transformés, et à adopter les aliments entiers, c'est-à-dire les fruits, les légumes, les céréales, les noix, les graines, les haricots et les légumineuses n'ayant pas fait l'objet d'un raffinage ou d'une transformation élaborée.

Par exemple, une pomme est un aliment entier, mais pas la compote de pommes, ni le jus de pomme, ni la tarte aux pommes. Le gruau aussi est un aliment entier, mais pas les Frosted Flakes. À l'instar des aliments d'origine locale, les aliments entiers nécessitent moins d'emballage et moins de transformation. Ils favorisent les économies d'énergie et une diminution des émissions de gaz à effet de serre, et réduisent l'emploi de produits chimiques et la production de déchets.

Les nutritionnistes ont formulé un principe simple : plus un aliment est transformé, moins sa valeur nutritive sera grande. Il faut donc éviter les produits comportant une longue liste d'ingrédients aux noms peu connus et imprononçables. S'il faut posséder un diplôme en biochimie pour déchiffrer les ingrédients d'un aliment, il est probable que ce dernier est mauvais pour vous et pour l'environnement. Vous pouvez réduire votre exposition aux aliments transformés en passant moins de temps dans les allées centrales des supermarchés, où prédominent ces aliments, en prenant des collations santé et en choisissant soigneusement les moments et les endroits où vous prenez des repas à l'extérieur de la maison. Voici quelques suggestions :

- Remplacez les croustilles par des noix et des graines crues (amandes, graines de citrouille, etc.).
- Mangez des fruits frais au lieu de boire du jus. Si vous en buvez, rappelez-vous que les jus contenant de la pulpe sont les plus nutritifs.
- Devenez un expert en yogourt fouetté *(smoothie)*. Il suffit de passer au mélangeur des fruits, de la glace, du yogourt nature et du jus de fruits pur ou du lait de soya nature.
- Prenez des collations faites de légumes crus, comme des carottes, des tomates cerises et des pois mange-tout.
- Mangez du gruau pour déjeuner et relevez-en le goût à l'aide de fruits secs, de noix et de graines de lin moulues, ou choisissez des céréales à grains entiers, faibles en sucre et à haute teneur en fibres.

- Privilégiez les pommes de terre entières ou les salades d'accompagnement plutôt que les frites, et faites preuve de modération en matière de sauces et de vinaigrettes.
- Choisissez du pain de blé entier plutôt que du pain blanc.
- Achetez du yogourt nature et ajoutez-y vous-même vos fruits préférés, car de nombreux yogourts préparés sont davantage des desserts que des aliments sains.

Manger plus d'aliments entiers et moins d'aliments transformés est bon pour la santé. Un régime alimentaire riche en fruits et légumes frais diminue les risques de cancer. Pourtant, le tiers des portions de légumes que consomment les Américains sont constituées de frites, de croustilles et de laitue iceberg. Pour se conformer aux recommandations alimentaires des États-Unis, l'Américain moyen devrait augmenter sa consommation de fruits de 131 %, sa consommation de légumes-feuilles vert foncé et de légumes jaune foncé de 333 %, et sa consommation de légumineuses (par exemple, haricots secs, pois et lentilles) de 200 %. En même temps, il devrait réduire son apport en pommes de terre et autres légumes farineux de 38 %, son apport en matières grasses et en huiles de 36 %, et son apport en sucres ajoutés de 63 %. Un régime alimentaire composé surtout de fruits, de légumes, de noix et de grains entiers offre une importante protection contre les maladies cardiovasculaires. La majorité des Nord-Américains consomment une quantité de sel — provenant surtout des aliments transformés et des grignotines —nettement supérieure à ce que recommandent les médecins. Un apport moindre en sel peut faire baisser la pression artérielle et réduire de 25 % le risque de maladie cardiovasculaire.

Les enfants bénéficient encore davantage de la consommation d'aliments entiers. Seuls 1 % des enfants américains ont un régime alimentaire conforme aux recommandations du gouvernement de leur pays. De même, plus de 70 % des enfants canadiens et 80 % des adolescents australiens mangent moins de fruits et légumes que ce qui est recommandé pour eux. Au Royaume-Uni, 92 % des enfants absorbent trop de graisses saturées et 83 % consomment trop de sucre, tout en mangeant moins de la moitié de la quantité de fruits et légumes qui est recommandée pour eux. Ces funestes habitudes alimentaires doivent changer si on veut contrer la forte hausse du taux d'obésité et de diabète chez les enfants.

• •

Comment lire les étiquettes des produits alimentaires

- Évitez les produits composés d'une longue liste d'ingrédients.

- Méfiez-vous de l'information trompeuse sur la taille des portions. Par exemple, l'information nutritionnelle figurant sur une bouteille de boisson gazeuse de 591 ml est indiquée pour une portion de 227 ml, bien que la plupart des personnes boivent toute la bouteille après l'avoir ouverte.

- Réduisez votre apport en sucres et en sels ajoutés. Le sucre apparaît sous divers noms sur les étiquettes de produits alimentaires, dont le saccharose, le fructose, le dextrose, le sirop de glucose, le sirop de glucose à haute teneur en fructose, les concentrés de jus de fruits, le miel et la mélasse.

- Réduisez au minimum votre consommation d'arômes, de colorants, d'additifs et d'édulcorants artificiels (aspartame, sucralose et acésulfame K).

- Choisissez des produits dont l'étiquette indique une haute teneur en fibres, en vitamines, en acides gras oméga et en minéraux. Évitez les produits comportant une forte teneur en graisses saturées, en cholestérol, en sodium et en sucres.

- Méfiez-vous des indications santé bidon telles que « sans cholestérol » (aucun aliment végétal ne contient de cholestérol) ou « zéro gras trans » qui figurent sur les emballages de malbouffe comme les croustilles.

- Évitez les huiles végétales hydrogénées, riches en acides gras trans, ainsi que les aliments contenant de l'huile de palme, car la plus grande partie de cette huile provient de plantations apparues à la suite de la destruction des forêts denses équatoriales.

• •

Inspiration

Apparu en Italie, le mouvement écogastronomique *(Slow Food)* exprime une résistance à l'industrialisation de notre système alimentaire. Les partisans de l'écogastronomie soutiennent essentiellement que nos aliments devraient avoir bon goût, que leur production ne doit pas être néfaste pour la santé humaine et l'environnement ni être assortie de traitements cruels infligés aux animaux, et que les producteurs eux-mêmes doivent obtenir une rémunération juste pour leur travail. Dans le sillage de ce mouvement se sont formés des groupes écogastronomiques un peu partout dans le monde.

Consommez moins de calories

Diminuer votre apport en calories est un autre moyen d'atténuer l'impact écologique de votre alimentation. Pour ce faire, il s'agit simplement de remplacer la malbouffe, les repas rapides et les autres aliments transformés hypercaloriques par les produits naturels nutritifs que sont les fruits, les légumes, les grains entiers et les noix. Imaginez : en moyenne, chaque Américain boit plus de 200 litres de boissons gazeuses par année et ingère plus de 27 kilos de sirop de glucose à haute teneur en fructose (« sirop de maïs ») par année. Quand vous avez soif, prenez un verre d'eau plutôt qu'une boisson gazeuse : ce sont 250 calories (l'équivalent de 15 cuillerées à soupe de sucre) qui resteront dans leur bouteille de 591 millilitres de Coca-Cola. Si vous prenez une portion plutôt que deux lors des repas, votre apport en calories se réduira de moitié. Vous en retirerez vite plusieurs bienfaits : une meilleure santé, des économies (une pomme bio est souvent moins chère qu'une barre de chocolat ou qu'un sac de croustilles) et une diminution de votre empreinte écologique !

Dans beaucoup de pays, diminuer son apport en calories va plutôt à contre-courant. Quelques exemples pris dans des pays occidentaux : de 1995 à 2006, l'apport en calories a augmenté de 17 % au Royaume-

Uni ; en moyenne, un Américain consommait chaque jour 700 calories de plus en 2000 qu'en 1973 ; de 1991 à 2002, l'apport calorique moyen des Canadiens s'est accru de 18 %, surtout à cause de la consommation croissante de matières grasses. À travers le monde, la hausse de l'apport en calories s'explique en partie par la consommation toujours plus répandue de malbouffe et de repas rapides, l'augmentation des portions *(voir le tableau 6)* et la popularité du grignotage.

Les bienfaits pour l'environnement d'un apport calorique moindre découlent surtout du fait que vous réduisez véritablement votre empreinte écologique, ce qui peut être illustré ainsi :

- diminution de la surface des terres réservées aux cultures vivrières et à l'élevage ;
- diminution de la quantité d'énergie, de produits chimiques et de matières utilisés pour le traitement, l'emballage et le transport des aliments ;
- diminution de la quantité de matières utilisées pour la fabrication des vêtements ;
- diminution du volume des déchets produits.

Le gain de poids des Américains au cours des années 1990 (une moyenne de 4,5 kg par adulte) a eu pour effet que la consommation annuelle de carburant par les avions, depuis 2000, a augmenté de 1 589 milliard de litres. La hausse du poids corporel moyen des Américains a obligé les compagnies aériennes à restreindre le poids maximal des bagages et a amené les établissements de santé à se doter d'équipements (ambulances, civières, etc.) de plus grandes dimensions et donc plus coûteux.

Un apport moindre en calories offre d'importants bienfaits pour la santé. Dans le cas des personnes obèses, la perte de poids se traduit par une baisse du risque de crise cardiaque, d'accident cérébrovasculaire, de diabète, d'hypertension, de maladie vésiculaire, d'arthrose du genou et de cancer de l'endomètre. Les taux d'obésité connaissent une hausse phénoménale dans l'ensemble du monde industrialisé. En Australie et au

Tableau 6. Augmentation des portions alimentaires aux États-Unis

	Nombre de calories il y a 20 ans	Nombre de calories aujourd'hui
Bagel	140	350
Hamburger au fromage	333	590
Spaghetti et boulettes de viande	500	1 025
Boisson gazeuse	85	250
Frites	210	610
Sandwich à la dinde	320	820
Muffin	210	500
Tranche de pizza au pepperoni	250	425
Salade César au poulet	390	790
Maïs soufflé	270	630
Morceau de gâteau au fromage	260	640
Biscuit aux brisures de chocolat	55	275

Royaume-Uni, deux hommes sur trois et une femme sur deux sont obèses ou ont un excès de poids, alors que trois personnes sur cinq aux États-Unis sont dans la même situation. Dans ce dernier pays, la proportion des enfants ayant un excès de poids a triplé au cours des 25 dernières années, et plus de cinq millions d'Américains sont maintenant « surobèses », c'est-à-dire qu'ils sont admissibles à une opération chirurgicale radicale dénommée « gastroplastie », ou agrafage de l'estomac, soit une réduction du volume de l'estomac en vue de restreindre l'ingestion d'aliments.

Évitez l'eau en bouteille

La hausse des ventes d'eau en bouteille a pris l'allure d'un véritable raz-de-marée au cours des dernières années. Les Nord-Américains boivent de l'eau qui a parcouru des distances astronomiques, qu'elle provienne des

Alpes françaises, des îles Fidji ou même d'un pays frappé par la sécheresse comme l'Éthiopie. Les Américains boivent plus d'eau en bouteille, soit près de 110 litres par personne annuellement, que de toute autre boisson, sauf les boissons gazeuses. D'après Statistique Canada, près d'un tiers des ménages canadiens buvaient surtout de l'eau en bouteille en 2006. Au Royaume-Uni, la consommation annuelle s'élève à 37 litres et par personne. Mais les Italiens sont les champions mondiaux dans ce domaine : chacun d'eux en boit plus de 200 litres par année…

N'achetez pas d'eau en bouteille : vous ferez des économies et contribuerez à la protection de l'environnement. Vous pouvez vérifier la qualité de l'eau du robinet, puisque la plupart des services publics dans les pays industrialisés publient un rapport annuel sur la qualité de l'eau distribuée dans les foyers. Quant aux personnes qui s'approvisionnent auprès d'un réseau privé ou à même leur propre puits, elles devraient faire tester régulièrement la qualité de leur eau. Si les rapports publiés ou les résultats des tests effectués laissent planer des doutes, l'ajout d'un filtre de bonne qualité est généralement préférable à l'achat d'eau en bouteille. La filtration de l'eau à la maison est une solution moins onéreuse, plus efficace, plus pratique et beaucoup plus écologique. Le site du *Green Guide* de National Geographic *(www.thegreenguide.com)* offre des renseignements pertinents au sujet des filtres à eau. Pour vos activités quotidiennes, emportez un thermos en inox, une grande tasse ou une bouteille réutilisable.

L'eau en bouteille peut être utile dans certains cas : en situation d'urgence, lors d'une crise humanitaire ou dans des lieux où l'eau du robinet n'est pas traitée et est susceptible d'être de mauvaise qualité. Mais il ne faut pas oublier qu'elle est coûteuse (environ mille fois plus chère que l'eau du robinet traitée), engendre une large empreinte écologique et apporte peu de bienfaits pour la santé par rapport à l'eau du robinet. Bien que l'eau soit une ressource publique, de nombreux gouvernements l'offrent gratuitement aux entreprises qui dominent l'industrie de l'embouteillage. Le gouvernement de l'Ontario a récemment cédé aux pressions publiques pour que l'eau ne soit plus donnée de cette manière, mais il n'exige des entreprises concernées que 3,71 $ par million de litres.

L'embouteillage d'eau produit plus de gaz à effet de serre que la distribution par les services municipaux. La plupart des bouteilles d'eau en plastique sont fabriquées à partir de téréphtalate de polyéthylène, une matière plastique dérivée du pétrole dont la fabrication nécessite beaucoup d'énergie et d'eau et donne des sous-produits nocifs. Selon le Pacific Institute, la production de bouteilles d'eau aux États-Unis exige l'emploi de 17 millions de barils de pétrole et dégage 2,5 millions de tonnes de dioxyde de carbone par année. Bien que les bouteilles en plastique soient recyclables, la plupart de celles qui sont utilisées en Amérique du Nord aboutissent au dépotoir.

Du point de vue de la santé publique, ni l'eau du robinet ni celle en bouteille ne sont parfaitement sûres. Selon Peter Gleick, une sommité mondiale dans le domaine, il est « impossible de garantir que l'eau en bouteille est meilleure que l'eau du robinet ». S'il est vrai que les rappels d'eau en bouteille effectués pour des raisons de santé sont rares, le Conseil de protection des ressources naturelles des États-Unis a tout de même détecté la présence d'agents contaminants (du styrène, du toluène, du xylène, de l'arsenic et des bactéries, entre autres) dans 20 % des échantillons d'eau en bouteille qu'il a testés. Une étude canadienne a révélé que des échantillons d'eau embouteillée contenaient des concentrations de plomb, de chlorure et de matières dissoutes qui étaient supérieures à ce que prévoient les principes directeurs nationaux relatifs à l'eau potable. En outre, certains produits chimiques nocifs qui sont présents dans le plastique des bouteilles elles-mêmes, comme l'antimoine et le bisphénol A, peuvent finir par se retrouver dans l'eau. Il faut savoir que l'antimoine et ses composés peuvent avoir des effets nuisibles pour la santé qui sont analogues à ceux de l'arsenic, tandis que le bisphénol A peut altérer le fonctionnement des glandes endocrines, favoriser l'apparition du cancer de la prostate et de troubles ovariens, et provoquer une fausse couche. Alors que la réglementation sur l'eau en bouteille est assez stricte en Europe, les lois canadiennes et américaines sont moins sévères pour l'eau embouteillée que pour celle du robinet, de sorte que la santé des citoyens n'est pas toujours bien protégée.

Par ailleurs, il s'avère que la demande croissante d'eau en bouteille mine la confiance du public dans les services d'eau et d'aqueduc municipaux. Dans la plupart des pays industrialisés, la qualité de l'eau du robinet est adéquate parce qu'elle est constamment évaluée et mesurée par les autorités responsables de la santé publique. Si les dizaines de milliards de dollars dépensés pour l'achat d'eau en bouteille étaient consacrés à l'amélioration des réseaux publics de distribution d'eau potable, les citoyens comme l'environnement s'en porteraient beaucoup mieux. Heureusement, les efforts de sensibilisation commencent à donner des résultats tangibles : partout, des restaurants populaires ont rayé de leur menu l'eau en bouteille. La ville de San Francisco ne dépense plus un sou pour ce produit, Chicago impose une taxe de 10 ¢ sur chaque bouteille et des organismes comme l'Église Unie du Canada exhortent leurs membres à ne plus acheter d'eau en bouteille.

En résumé

De plus en plus de gens comprennent qu'un régime alimentaire durable est bon pour la santé des individus et de la planète. Il est certainement encourageant de constater l'augmentation rapide des ventes d'aliments biologiques, la popularité accrue des marchés de producteurs et de l'agriculture soutenue par la communauté, ainsi que le nombre croissant de végétariens (notamment chez les jeunes). En même temps, il est clair que le système agro-industriel fait des ravages partout sur la planète et qu'il faut le réorganiser de toute urgence. Chacun d'entre nous peut contribuer au changement en cours dans ce domaine. Puisque nous prenons au moins trois repas par jour, les occasions de modifier notre régime alimentaire se présentent assez fréquemment. Vous pouvez procéder graduellement, soit en appliquant une de nos recommandations chaque semaine, soit en modifiant le contenu d'un repas spécifique, comme le déjeuner ou le dîner. Prendre des repas préparés à la maison en famille ou avec des amis est toujours une excellente idée. Nous ne prêchons pas un intégrisme alimentaire. Vous pouvez toujours prendre des collations affreusement sucrées, aller dans un restaurant à service rapide pour obtenir une dose de matières grasses, acheter des aliments provenant des antipodes ou céder à l'envie irrésistible de manger de la viande. Si nous voulons un avenir viable, de tels choix devront cependant représenter l'exception plutôt que la règle.

Les trois mesures les plus efficaces pour réduire l'empreinte écologique de votre régime alimentaire sont les suivantes : manger moins de viande, d'œufs et de produits laitiers, acheter des aliments d'origine locale et choisir des produits alimentaires biologiques. Grâce à ces trois mesures toutes simples, vous pouvez faire diminuer les émissions de gaz à effet de serre, votre exposition aux produits toxiques, la pollution de l'air et de l'eau, ainsi que la production de déchets. Si, en plus, vous mangez plus d'aliments entiers, réduisez votre apport en calories et évitez l'eau en bouteille, alors l'empreinte écologique de votre régime alimentaire pourrait être jusqu'à dix fois moindre qu'à présent. De surcroît, vous serez nettement en meilleure santé, vous ferez des économies, vous donnerez un bon coup de pouce aux fermes familiales et à l'économie locale, et vous n'appuierez pas les traitements cruels infligés aux animaux.

Le cas du tabagisme montre bien qu'il est possible de transformer radicalement des habitudes de vie en peu de temps. De 1965 à 2001, la proportion de fumeurs adultes aux États-Unis a baissé de 50 %, et ce, grâce aux campagnes antitabac, aux messages d'avertissement désormais obligatoires sur les paquets de cigarettes et à la sensibilisation du public aux effets nocifs du tabagisme. C'est pourquoi les taux de cancer du poumon sont aujourd'hui à la baisse. Il importe de transformer le régime alimentaire actuel afin d'en atténuer l'impact sur l'environnement et d'améliorer la santé publique. Manger est un acte à la fois agricole, biologique, social, économique et politique. Chaque repas que vous prenez est un vote pour le système alimentaire que vous préconisez.

CHAPITRE 4

Voyagez sans laisser d'empreinte

*Si j'avais demandé aux gens ce qu'ils voulaient,
ils auraient répondu : des chevaux plus rapides.*

HENRY FORD

Le transport a causé des problèmes écologiques bien avant l'apparition de l'automobile. Il y a un siècle à peine, les chevaux constituaient une grande source de pollution urbaine. On estime que, vers 1900, 1 100 tonnes de fumier et 272 400 litres d'urine se retrouvaient chaque jour dans les rues de New York. Les citoyens se plaignaient des particules de fumier de cheval pulvérisé que le vent soufflait sur eux et leurs maisons. Les tas de fumier offraient un terrain fertile aux mouches qui propageaient des maladies infectieuses. Le mélange de fumier et d'eau de pluie engendrait de véritables bourbiers dans les rues. Il y avait aussi les chevaux morts : dans les années 1880, les autorités municipales devaient ramasser quelque 15 000 carcasses par année.

Malgré ces difficultés, l'apparition des premiers véhicules motorisés a suscité la peur et une réaction de rejet. La Grande-Bretagne a rapidement adopté une loi exigeant que tous les véhicules motorisés soient précédés d'un homme à pied qui agite un drapeau rouge ou une lanterne et qui actionne un avertisseur sonore.

En vertu de cette même loi, la vitesse était limitée à 6 km/h à la campagne et à 3 km/h en ville. En 1875, le Congrès des États-Unis a lancé la mise en garde suivante : « Des voitures sans chevaux mues par un moteur à essence peuvent atteindre une vitesse de 14 ou même de 20 milles à l'heure [...] passant en trombe dans nos rues et empoisonnant l'air qu'on respire. » En 1900, il n'y avait qu'une voiture en circulation pour 10 000 Américains, et le premier vol en avion n'était encore qu'un rêve dans l'esprit des frères Wright. Ce n'est qu'en 1912 que les automobiles sont devenues plus nombreuses que les chevaux dans les rues de New York, Londres et Paris.

Aujourd'hui, ce sont les Américains et les Canadiens qui causent la plus grande empreinte écologique liée au transport. Il y a plus d'automobiles en circulation que de détenteurs de permis de conduire aux États-Unis, et les ménages américains qui possèdent quatre voitures sont plus nombreux que ceux qui n'en ont aucune. À l'échelle individuelle, chaque Canadien et chaque Américain produit environ six tonnes de dioxyde de carbone issues de son transport seulement, soit trois fois plus que la moyenne en Europe. Par rapport à 1990, le ménage moyen compte aujourd'hui moins de personnes, mais il possède plus de véhicules (surtout plus de véhicules utilitaires et de camions énergivores) et effectue une centaine de déplacements en voiture de plus par année. De 80 % à 90 % des déplacements en voiture sont faits par un conducteur seul ou accompagné d'un seul passager. Le nombre des déplacements en transport en commun a fortement baissé au Canada depuis la fin des années 1950, passant de quelque 250 déplacements par personne annuellement à environ 50. De la même manière, les déplacements en train en Australie représentaient 40 % de tous les déplacements urbains en 1945, mais la proportion n'est plus que de 4 % aujourd'hui, l'automobile s'étant imposée dans tout le pays.

Les voitures actuelles sont inefficaces, font appel à des combustibles fossiles non renouvelables et constituent une importante source de pollution de l'air et de changements climatiques. Moins de 1 % de l'énergie que produit l'essence sert au déplacement du conducteur, le reste sert à faire avancer la voiture elle-même ou est simplement gaspillé. Nous construisons des villes en fonction des voitures et non des individus, et les résultats sont affligeants : embouteillages, bruit, paysages urbains désolants, décès et blessures multiples causés par des accidents, etc. Plus d'Américains sont morts dans des accidents de la circulation que dans toutes les guerres ayant impliqué les États-Unis.

Une foule de problèmes résultent de nos habitudes de transport. En voici quelques exemples :

• la pollution de l'eau, le smog et la contamination par des métaux lourds.
• près d'un tiers des émissions de gaz à effet de serre produites au Canada et aux États-Unis.
• des dizaines de milliers de décès par année attribuables à des maladies cardiaques ou pulmonaires.
• des fuites et des déversements de pétrole plus volumineux chaque année que la marée noire causée par l'*Exxon Valdez* en Alaska.
• la mort de dizaines de millions d'animaux par année, des orignaux aux tortues, et des blessures causées à des millions d'autres à la suite de collisions avec des voitures.

Étroitement lié aux systèmes de transport axés sur la voiture individuelle, l'étalement urbain est aussi à l'origine de nombreux problèmes :

• le coût élevé des infrastructures (construction et entretien des routes, réseaux d'aqueduc et d'égout, services d'électricité et de télécommunications).
• les embouteillages.
• l'allongement des temps et des distances de déplacement entre la maison et le travail.
• l'isolement social.
• la perte de bonnes terres agricoles, d'habitats sauvages et d'espaces verts.

Lorsqu'elles feront le bilan de notre époque centrée sur la voiture, les prochaines générations vont sans doute éprouver les mêmes sentiments d'incrédulité et de condescendance que nous ressentons maintenant à la pensée d'un système de transport dominé par les chevaux.

Ce que vous pouvez faire

Les ravages infligés à l'environnement par le système de transport actuel résultent de l'accumulation de décisions individuelles que prennent des millions de personnes. Le transport en voiture et en avion contribue davantage que tout autre facteur à l'empreinte écologique moyenne des citoyens du monde industrialisé. C'est pourquoi il importe de recourir à d'autres moyens de transport : vous participez ainsi à la diminution de la pollution, des accidents et des embouteillages, vous améliorez votre santé et votre bien-être général, vous épargnez des sous et vous contribuez à un monde plus viable.

Vous disposez de cinq bons moyens de réduire jusqu'à 90 % l'impact de vos déplacements routiers et aériens.

1. Prenez sérieusement en considération vos futurs déplacements avant de décider où vous habiterez.
2. Effectuez moins de déplacements en voiture et en avion, et adoptez des solutions de rechange : le vélo, la marche, les patins à roues alignées, une meilleure planification, le transport en commun, l'auto-partage, le covoiturage, la livraison à domicile de votre épicerie, les vidéoconférences et le télétravail.
3. Achetez le véhicule le moins énergivore possible.
4. Améliorez vos habitudes de conduite automobile.
5. Utilisez des carburants plus propres.

N'habitez pas trop loin

Les énormes coûts écologiques, économiques et sociaux du transport mettent en relief toute l'importance de prendre des décisions éclairées concernant l'endroit où vous habiterez. L'emplacement idéal est situé près du travail, des écoles, des amis, des lieux de loisir et des magasins, ou près d'un bon réseau de transport en commun. Selon des experts en déplacements urbains, s'il vous faut plus de 20 minutes pour vous rendre au travail, cela signifie que vous avez mal choisi le lieu de votre domicile ou de votre travail. Si les résidences situées près du travail, des écoles, etc., vous semblent plus onéreuses, n'oubliez surtout pas de tenir compte de tous les coûts de transport (en argent, mais aussi en temps et en qualité de vie) avant de faire votre choix.

Moins de déplacements en voiture et en avion

Les Nord-Américains accumulent plus de 8 000 milliards de kilomètres-passagers par année en déplacements routiers et aériens. Il est assez difficile de se représenter le gigantisme d'une mesure donnée en milliers de milliards. Une distance de 8 000 milliards de kilomètres correspond à 200 millions de fois la circonférence de la Terre à l'équateur, ou encore à 21 millions de fois la distance Terre-Lune. On peut donner une autre équivalence en disant que l'automobiliste nord-américain moyen fait le tour de la planète tous les 18 mois. Le changement le plus fondamental qu'un individu puisse faire consiste donc à effectuer moins de déplacements routiers et aériens. Il ne s'agit pas d'une version écologique de l'assignation à résidence, puisqu'il existe de nombreux moyens efficaces et bénéfiques d'y parvenir.

Inspiration

Les expressions « autobus pédestre » et « pédibus » désignent un groupe d'enfants qui se rendent à pied à l'école sous la supervision d'adultes. Les parents, les enseignants et les policiers dressent une carte des lieux de résidence des enfants et établissent ensuite le trajet le plus sécuritaire jusqu'à l'école. Des adultes du quartier font alors office de « conducteurs » d'autobus pédestre, c'est-à-dire que, selon le parcours établi, ils vont chercher les enfants et les accompagnent en toute sécurité jusqu'à l'école. Les avantages de l'autobus pédestre sont nombreux : une activité physique accrue (et un moindre risque d'obésité infantile), des embouteillages moins fréquents, des rues plus sûres et une meilleure qualité de l'air. Les programmes d'autobus pédestre se multiplient un peu partout à travers le monde, y compris au Canada. Pour en savoir davantage à ce sujet, consultez le site *www.elements.nb.ca/theme/edu_2005/goforgreen/goforgreen_f. htm* et, en anglais, *www.iwalktoschool.org* ou encore *www.walkingschool bus.org*

Le vélo, la marche et les autres moyens de transport autopropulsés

Les moyens de transport les plus écologiques sont la marche, le vélo, les patins à roues alignées, l'aviron et toute autre façon d'utiliser votre énergie musculaire. Ils ne consomment aucun combustible fossile, ne produisent aucune émission nocive et entraînent des coûts minimes. Le vélo est le moyen de transport le plus efficace de tous *(voir le tableau 7)*. La grande popularité du vélo et de la marche en Australie, au Canada, en Europe et aux États-Unis a pour effet bénéfique d'éviter la consommation de milliards de litres d'essence, la production de millions de tonnes de dioxyde de carbone et l'émission dans l'atmosphère de millions de tonnes d'autres agents polluants. Dans de nombreuses villes européennes, comme Paris, Amsterdam, Copenhague et Stockholm, la pratique du vélo et de la marche est le fruit d'une longue tradition et gagne encore en popularité. Même si votre budget d'alimentation est susceptible d'augmenter, la baisse de vos coûts de transport sera encore plus forte, sans compter que c'est une façon idéale de faire plus d'exercice. D'aucuns rejettent les moyens de transport actifs sous prétexte qu'ils ne sont pas pratiques. Dans certains cas (vague de froid hivernale, long trajet entre le domicile et le travail), il faut reconnaître que c'est vrai. Mais des études ont montré que la moitié des déplacements en voiture effectués aux États-Unis ne couvrent qu'une très courte distance, soit moins de cinq kilomètres. Des trajets aussi courts peuvent facilement se faire en vélo ou à pied et offrent une bonne occasion de réduire votre dépendance envers l'automobile.

La popularité du vélo est plus grande que jamais. Le nombre de déplacements en vélo aux États-Unis a doublé depuis une dizaine d'années. Les ventes annuelles de bicyclettes au Canada et aux États-Unis sont maintenant supérieures aux ventes de véhicules motorisés, et les investissements publics consacrés aux pistes et aux voies cyclables sont en hausse. Les programmes de pédibus offrent aux enfants un moyen sûr, sain et amusant de marcher jusqu'à l'école. De 1990 à 2001, le nombre de déplacements à pied ou en vélo a doublé aux États-Unis, pour s'élever à plus de 35 milliards. Chaque personne qui décide de faire quelques déplacements de plus à pied ou en vélo accentue la tendance favorable à ces deux moyens de transport. En Australie, au Canada, aux États-Unis et au Royaume-Uni, seulement 1 % de tous les déplacements sont effectués à bicyclette, et il est certainement possible de faire mieux. Par comparaison, la proportion de ces déplacements atteint 10 % en Allemagne et en Suède, 18 % au Danemark et 27 % aux Pays-Bas.

Voici quelques suggestions à l'intention des amateurs de marche ou de vélo.

- Faites l'essai de quelques parcours pour évaluer ce que serait un rayon de déplacement raisonnable à partir de votre domicile. Vous serez sans doute surpris par le grand nombre d'endroits que vous pouvez atteindre à pied ou en vélo.
- Vérifiez sur une carte les trajets qui s'offrent à vous. Un trajet indirect vous permet parfois d'éviter le trafic ou de découvrir un joli paysage.
- Achetez du matériel de bonne qualité. Des chaussures confortables sont essentielles pour les marcheurs, comme un vélo léger et bien équipé pour les cyclistes. Des vêtements imperméables

Tableau 7. La consommation d'énergie de divers moyens de transport

	Calories par kilomètre
Vélo	22
Marche	62
Voiture	1 155

qui coupent le vent mais laissent passer un peu d'air vous procureront un confort appréciable.

- Faites un parcours d'essai lors d'une journée de congé pour avoir une meilleure idée de la durée de vos déplacements, sans devoir vous hâter pour arriver à une heure donnée.
- Commencez doucement, pour laisser à votre organisme le temps de s'adapter. Essayez de renoncer à la voiture une journée par semaine. Vous pourriez marcher ou prendre le vélo à l'aller et emprunter le transport en commun au retour.
- Gardez des vêtements de rechange au travail ou à l'école.
- À pied ou en vélo, soyez prudent et sur vos gardes. Dotez votre bicyclette d'accessoires de sécurité comme des feux clignotants et des réflecteurs, et portez toujours un casque protecteur.
- Emportez une bouteille d'eau et un casse-croûte nutritif pour les longs trajets.
- Élargissez la gamme de vos activités en vous munissant d'un petit sac à dos confortable ou d'un petit chariot à roulettes si vous marchez, de sacoches ou d'une remorque de vélo si vous roulez.

L'argument le plus convaincant en faveur de la marche et du vélo est peut-être le fait que ces deux moyens de transport vous rendront plus heureux. Les personnes qui vont travailler de cette façon prennent plaisir à faire le trajet entre la maison et le travail, tandis que la plupart des automobilistes sont stressés et insatisfaits. De nombreux cyclistes affirment que le trajet pour aller au travail et en revenir représente un des meilleurs moments de leur journée.

Inspiration

Copenhague, la capitale du Danemark, se situe constamment en haut du classement mondial des villes offrant la meilleure qualité de vie. Dans cette ville comptant plus de 300 kilomètres de pistes cyclables, le tiers des résidants se rendent au travail en vélo. Un programme de vélos urbains met gratuitement à la disposition des citadins plus d'un millier de bicyclettes spéciales au centre-ville. Les autorités municipales prévoient doubler le budget réservé au réseau cyclable au cours des trois prochaines années.

À Amsterdam, 40 % des résidants se rendent au travail en vélo et peuvent maintenant compter sur le nouveau parc de stationnement à étages pour 10 000 vélos que la mairie a fait construire à côté de la gare centrale. La Suède aimerait que la proportion des déplacements à bicyclette (par rapport à l'ensemble des déplacements) passe de 12 % à 16 % d'ici 2010, alors que la Norvège espère qu'elle doublera et atteindra 8 % d'ici 2015.

Une meilleure planification

Les Américains effectuent un nombre ahurissant de déplacements motorisés, soit 1,1 milliard par jour, ou quatre déplacements par personne en moyenne. Environ 45 % de ces déplacements sont motivés par des courses ou du magasinage, 27 % par des activités sociales ou récréatives et 15 % par le travail. Une meilleure planification éliminerait un grand nombre de ces déplacements. Prenez donc le temps de répondre aux questions suivantes :
• Suis-je vraiment obligé de faire ce déplacement en voiture ?
• Quelles sont les autres options ?
• Quels changements me permettraient d'effectuer ce déplacement autrement qu'en voiture ?

De légères modifications à vos modes de déplacement vous permettront de diminuer le temps passé sur la route, de faire des économies, de protéger l'environnement et d'améliorer votre qualité de vie. Voici quelques exemples :
• Au lieu de faire autant de déplacements que de courses, prévoyez un seul déplacement au cours duquel vous pourrez faire au moins trois commissions.

- Au lieu de prendre la voiture pour aller au supermarché tous les deux ou trois jours, faites vos courses en une seule fois pour toute la semaine.
- Pendant vos vacances, explorez les merveilles naturelles et culturelles qui se trouvent plus près de chez vous. Après le « régime alimentaire de 100 kilomètres », très en vogue aujourd'hui, les « vacances à 100 kilomètres » pourraient bien suivre…
- Prenez de longues vacances en une seule fois plutôt qu'une série de courtes vacances. Le fait de passer deux semaines consécutives dans un chalet ou sur les pentes de ski, plutôt que sept fins de semaine, réduira de 86 % votre temps et votre distance de déplacement.

Le transport en commun

Le transport en commun est une option beaucoup plus écologique que l'automobile, sauf bien sûr si vous étiez la seule personne à bord de l'autobus ou du train. Un autobus moyen roulant au diesel consomme environ 90 litres aux 100 kilomètres, mais, avec 40 passagers à bord, il donne 80 kilomètres-passagers par litre. Le rendement énergétique des autobus diesel hybrides actuellement en circulation a connu une amélioration allant jusqu'à 60 % par rapport aux autres autobus, ce qui s'est traduit par une forte réduction de leurs émissions de gaz à effet de serre et d'autres agents polluants. Lorsque vous utilisez le transport en commun, vous contribuez à atténuer les embouteillages et les risques d'accident et vous faites des économies. Les incitations fiscales offertes aux usagers sont maintenant monnaie courante au Canada et aux États-Unis, et vous épargnez donc encore un peu. Du point de vue de l'économie en général, les investissements publics consacrés au transport en commun créent plus d'emplois et stimulent davantage l'activité économique que ne le font les investissements dans la construction de routes.

Voici quelques suggestions pour les usagers du transport en commun :
- Prenez le temps de bien connaître les options disponibles : quels sont les services offerts et à quelle distance se trouvent-ils de chez vous ?

- Vérifiez les horaires, car quelques minutes passées à les consulter peuvent vous épargner de longs temps d'attente. Vérifiez-les régulièrement, puisqu'ils sont souvent modifiés.
- Au besoin, demandez l'aide du conducteur. La plupart des employés des sociétés de transport en commun se feront un plaisir de faciliter vos déplacements.
- Détendez-vous. Puisque vous ne conduisez pas, vous pouvez lire, écouter de la musique, tricoter ou observer tranquillement le paysage.

L'autopartage

Les groupes d'autopartage mettent un véhicule à la disposition de leurs membres lorsque ceux-ci en ont besoin. Ils leur permettent ainsi d'économiser, d'éviter les problèmes liés à la possession d'une voiture (achat, assurance, réparations, stationnement, etc.) et de réduire leur empreinte écologique. Moyennant une cotisation d'adhésion (remboursable), un tarif mensuel d'utilisation et un tarif horaire ou kilométrique, les membres ont généralement accès à une flotte de véhicules disponibles en différents points. Dans l'ensemble, ces membres sont moins nombreux à posséder leur propre voiture, marchent davantage, font plus de vélo et de patin à roues alignées, utilisent davantage le transport en commun, conduisent moins souvent une voiture et se déplacent sur de plus courtes distances. L'autopartage est également bénéfique pour toute la société : les voitures plus anciennes sont remplacées par des automobiles neuves et donc moins polluantes, plus d'espaces verts peuvent être protégés parce que moins d'espaces de stationnement sont nécessaires, et il y a moins d'embouteillages, d'accidents, d'émissions de gaz à effet de serre et de pollution de l'air.

L'autopartage connaît une popularité croissante en Australie et au Royaume-Uni. En outre, plus de 150 000 Nord-Américains font déjà partie de l'un ou l'autre des programmes existants, qui regroupent quelque 5 000 véhicules. Chaque véhicule utilisé en autopartage remplace de cinq à vingt voitures privées. En moyenne, les membres des groupes d'auto-partage réduisent de 39 % à 54 % le kilométrage annuel de leurs déplacements motorisés. À l'instar des adeptes de la marche et du vélo, ils sont nombreux à souligner l'amélioration de leur qualité de vie. Pour en savoir davantage sur l'autopartage, vous pouvez consulter le site *www.commun auto.com* pour les résidants du Québec, et le site *www.carsharing.ca* pour le reste du Canada.

Le covoiturage

Le covoiturage est analogue à l'autopartage, sauf qu'il repose sur l'utilisation commune d'un véhicule (le vôtre ou celui d'un ami) pour des déplacements vers des destinations communes. De nombreux gouvernements encouragent le covoiturage au moyen de crédits fiscaux, d'espaces de stationnement gratuits et de voies d'autoroute réservées. Grâce au covoiturage, vous pouvez réduire de 50 à 75 % vos coûts d'utilisation de l'automobile et l'empreinte écologique de vos déplacements. Vous en saurez davantage sur les multiples ressources disponibles en allant sur le site du ministère des Transports du Québec *(www.mtq.gouv.qc.ca)* ou encore sur celui du service de covoiturage Allo Stop *(www.allostop.com)*. Pour l'extérieur du Québec, vous pouvez consulter le Réseau de covoiturage *(www.covoiturage.ca)*, qui est actif dans l'ensemble du Canada.

Les scooters et les vélos électriques

Un vélo électrique est muni d'une batterie rechargeable qui peut vous donner un coup de pouce en cas de besoin. Si les gains écologiques dépendent du type d'énergie utilisée pour produire l'électricité nécessaire au chargement de la batterie, il n'en demeure pas moins que le vélo électrique représente une nette amélioration par rapport à l'automobile. Quant au scooter, son bilan écologique est moins positif, malgré la popularité actuelle de ce véhicule. Certains sont dotés d'un moteur à deux temps parfois plus polluant que le moteur d'un gros véhicule utilitaire. Seuls les scooters équipés d'un moteur à quatre temps sont véritablement écologiques.

Les services de livraison

Chacun effectue des centaines de déplacements par année pour aller faire ses achats (surtout la nourriture). Si vous habitez en milieu urbain et prenez généralement votre voiture pour aller à l'épicerie, vous pouvez réduire l'empreinte écologique de vos déplacements en recourant au service de livraison à domicile qu'offrent la plupart des supermarchés. Un seul camion peut livrer leurs achats à des dizaines de familles, ce qui leur évite de nombreux déplacements au supermarché et leur fait gagner du temps. Les services de livraison à domicile entraînent une diminution de la consommation de carburant et des émissions de gaz à effet de serre qui peut atteindre jusqu'à 70 %.

Les vidéoconférences

Le recours aux vidéoconférences est une option de plus en plus utile et de moins en moins coûteuse, qui vous permet d'éviter les longs déplacements qu'imposent parfois les réunions ou les conférences. Que ce soit pour le travail ou les loisirs, vous pouvez ainsi utiliser de façon plus productive le temps que vous auriez autrement dû consacrer à ces déplacements.

Le télétravail

Le télétravail désigne le fait de travailler à la maison, à temps plein ou partiel, et de communiquer par téléphone ou par courriel avec son employeur. Les personnes qui pratiquent le télétravail effectuent nettement moins de déplacements (de 27 à 51 % de moins) et parcourent beaucoup moins de kilomètres en voiture (de 53 à 77 %) que celles qui travaillent chez leur employeur. Par conséquent, le télétravail offre d'importantes économies de temps et d'argent, réduit le stress, élimine la nécessité d'une deuxième voiture pour un ménage et se traduit par une forte diminution des émissions d'agents polluants.

Moins de déplacements motorisés

La diminution de vos déplacements routiers et aériens apportera d'énormes bienfaits sociaux, financiers et écologiques, tout en étant bénéfique en matière de santé et de sécurité. Le monde serait beaucoup plus sûr si davantage de citoyens utilisaient des moyens de transport autres que leur propre voiture. Les dernières données disponibles concernant le Canada et les États-Unis indiquent que, chaque année, les accidents d'automobile causent près de 50 000 décès, soit plus de 130 par jour, et infligent des blessures à quelque trois millions de personnes. Selon les statistiques actuelles, presque tous les Américains subiront une blessure dans un accident de voiture au cours de leur vie. Le Conseil national de sécurité des États-Unis estime que l'autobus et le train sont au moins vingt fois plus sûrs que la voiture personnelle.

Le monde serait beaucoup plus sain si chacun faisait moins de kilomètres en avion et en voiture. Parmi les effets néfastes de la pollution automobile, on retrouve les décès prématurés, le cancer, les maladies respiratoires, les maladies cardiovasculaires, les dommages causés au système nerveux et les troubles affectant la procréation et le développement du fœtus. La pollution de l'air contribue au décès d'au moins 10 000 Canadiens par année, pendant que plus de 136 millions d'Américains vivent dans des lieux où sévit une pollution de l'air inacceptable. Les enfants qui habitent près des autoroutes sont victimes de divers dysfonctionnements pulmonaires, et le risque de souffrir d'asthme est 89 % plus élevé chez eux que chez les autres enfants. Les gaz d'échappement des automobiles représentent un risque pour la santé non seulement des personnes se trouvant dans les environs, mais aussi des conducteurs et des passagers. Par exemple, les enfants qui empruntent des autobus scolaires au diesel sont exposés à un niveau élevé de pollution de l'air pendant leurs déplacements.

• •

Avions, trains et bateaux

Le nombre de déplacements en avion était cinq fois plus élevé en 2000 qu'en 1970, et on prévoit que les émissions de dioxyde de carbone produites par l'aviation civile tripleront d'ici 2050. Bien que certains nouveaux appareils soient plus écoénergétiques que leurs prédécesseurs et que les sièges vides soient plus rares qu'auparavant, un fait incontournable demeure : les déplacements en avion engendrent beaucoup d'émissions de gaz à effet de serre par kilomètre-passager. Les vols directs sont un peu moins dommageables que les vols avec escales, mais comme George Monbiot l'a affirmé, après avoir examiné toutes les autres options, en conclusion de son ouvrage intitulé *Heat,* la seule façon de restreindre l'empreinte écologique des déplacements aériens consiste à prendre l'avion moins souvent.

Le bateau est-il préférable pour les longs déplacements ? Pas du tout. Les paquebots constituent d'importantes sources de pollution de l'air, de pollution de l'eau et d'émissions de gaz à effet de serre.

Qu'en est-il du train ? Règle générale, le train produit moins d'émissions de gaz à effet de serre par kilomètre-passager que l'avion. En Europe, il représente une façon à la fois populaire, efficace et écologique de remplacer l'avion. En Amérique du Nord, par contre, les services ferroviaires aux voyageurs ont été négligés pendant des dizaines d'années, de sorte qu'ils sont maintenant peu prisés. L'adoption de nouvelles politiques gouvernementales et l'injection massive de capitaux sont indispensables pour que les longs déplacements en train deviennent une option intéressante et abordable au Canada et aux États-Unis. En Australie, le train constitue une façon reposante d'éviter les longs déplacements en avion ou en voiture et permet de découvrir les paysages panoramiques qui parsèment le trajet entre Perth et Sydney ou entre Adelaide et Darwin, par exemple.

• •

Les mesures qui réduisent les déplacements en voiture ont aussi pour effet d'affaiblir la dépendance nocive et coûteuse envers le pétrole importé. Aux États-Unis, le transport est à l'origine de 70 % de toute la consommation de pétrole, et les Américains consacrent près d'un million de dollars par minute à l'achat de tous les produits dérivés du pétrole.

Vous ferez d'importantes économies dès que vous commencerez à réduire vos déplacements. À titre d'exemple, l'achat et l'utilisation d'une voiture coûtent de 8 000 à 13 000 dollars par année (à l'exclusion des coûts du péage autoroutier et du stationnement) aux États-Unis, au Canada et en Australie, et encore davantage au Royaume-Uni. Il faut préciser ici qu'il s'agit seulement des coûts directs : essence, assurance, réparations et mensualités du prêt automobile. Une évaluation plus complète tiendrait compte aussi des coûts sociaux et écologiques de la pollution, des accidents et des embouteillages. Aux États-Unis, on estime que ces coûts additionnels s'élèvent à environ 42 cents le kilomètre. Une telle somme peut paraître insignifiante, mais si on considère les centaines de milliards de kilomètres que les citoyens de ce pays parcourent, le total de ces coûts atteint de 400 à 2 000 milliards de dollars par année. Et encore, ce montant faramineux ne comprend pas les coûts militaires liés à la protection et à la sécurité de l'approvisionnement en pétrole. Enfin, il convient de rappeler que les prix du pétrole ont triplé depuis 1998 et continuent de croître très rapidement, puisque la demande globale s'accentue et que les réserves demeurent stables ou diminuent.

Dans certaines zones urbaines, les moyens de transport autres que la voiture personnelle sont parfois plus rapides. La vitesse moyenne des automobiles dans les villes a diminué de 5 % par décennie. Les Canadiens consacrent en moyenne 63 minutes par jour au transport entre leur domicile et leur travail, soit une hausse de 17 % depuis 1992, à cause des plus longues distances parcourues et des embouteillages plus fréquents. Au total, ils passent chaque année l'équivalent de 34 journées de 8 heures à conduire leur voiture pour aller au travail et pour en revenir. En 2003, les automobilistes circulant dans les 85 régions urbaines les plus congestionnées ont subi des retards de déplacement totalisant 3,7 milliards d'heures et ont gaspillé 8,7 milliards de litres d'essence, ce qui représente un coût global de 63 milliards de dollars. En Australie, le coût des déplacements entre le domicile et le travail s'élève à plus de 20 milliards de dollars par année, et 10 % des parents consacrent plus de temps à ces déplacements qu'à leurs enfants... En Europe, ce sont les Britanniques qui passent le plus de temps à se rendre au travail et à en revenir, en moyenne 92 minutes par jour.

Inspiration

Jusqu'en 2003, la circulation automobile à Londres était régulièrement paralysée, au point où la vitesse moyenne était souvent de 10 km/h ou moins. Cette année-là, le maire de la ville, Ken Livingstone, a imposé une taxe sur tous les véhicules se dirigeant vers le centre-ville. Résultat : environ 50 000 véhicules de moins entrent au centre-ville de Londres chaque jour, et il s'est produit une augmentation concomitante du recours au transport en commun, au vélo, à la marche et au covoiturage. Aujourd'hui, la vitesse de circulation est plus élevée, le transport en commun est plus rapide et plus fiable, les accidents de la circulation sont moins nombreux, le bruit et la pollution ont diminué et les autorités municipales disposent d'une nouvelle source de revenus qui leur permet d'investir dans le transport durable. D'abord décriée, cette taxe est maintenant bien acceptée et a même été appliquée dans d'autres grandes villes.

Conduisez une voiture plus propre

L'empreinte écologique d'un véhicule résulte surtout de sa consommation d'essence. La Ford T nécessitait 7,8 litres d'essence aux 100 kilomètres en 1908. La moyenne des véhicules motorisés actuellement en circulation au Canada et aux États-Unis en demandent davantage. Avec une consommation moyenne de 14 litres aux 100 kilomètres, l'économie de carburant du parc de véhicules américain n'a jamais été aussi faible depuis 20 ans. Un tel recul s'explique en partie par l'explosion des ventes de camions « légers » (véhicules utilitaires, camionnettes et fourgonnettes). La tendance est claire : en 1976, les ventes d'automobiles ont été quatre fois plus élevées que les ventes de camionnettes et de fourgonnettes, alors qu'en 2002 les ventes de véhicules utilitaires, de camionnettes et de four-gonnettes ont pour la première fois dépassé les ventes d'automobiles aux États-Unis. Une analyse récente de la technologie des véhicules motorisés se concluait ainsi : « En matière écoénergétique, la voiture contemporaine en est encore à ses balbutiements. »

À côté de ce sombre portrait, on peut signaler trois bonnes nouvelles. D'abord, des véhicules révolutionnaires ne produisant aucune émission de gaz à effet de serre apparaissent maintenant à l'horizon *(voir le chapitre premier)*. Ensuite, on fabrique aujourd'hui au Canada et aux États-Unis des véhicules moins voraces en essence, comme les voitures hybrides, les véhicules au diesel, les voitures électriques spécialisées et quelques modèles de véhicules traditionnels. Enfin, la Toyota Prius est devenue en 2007 la première voiture hybride à figurer sur la liste mensuelle des dix véhicules les plus vendus aux États-Unis.

Les véhicules hybrides

Un véhicule hybride est muni d'un moteur à combustion interne et d'un moteur électrique. Il est facile à conduire et offre une plus grande autono-mie de déplacement ainsi qu'une meilleure consommation d'essence qu'un véhicule traditionnel, tout en produisant moins de gaz à effet de serre et d'agents polluants. Il coûte plus cher qu'un véhicule traditionnel, mais son prix devrait baisser peu à peu, sans oublier le fait que la hausse constante du prix de l'essence va rendre la voiture hybride encore plus attrayante aux yeux des acheteurs. Par exemple, compte tenu de la distance moyenne par-courue et des prix de l'essence en vigueur aux États-Unis (plus de 1,23 $ le litre), une Toyota Prius produit plusieurs tonnes de dioxyde de carbone de moins qu'un véhicule traditionnel et fait épargner à son propriétaire près de 1 500 $ d'essence par année. Certains véhicules hybrides font aussi l'objet de ristournes versées par les gouvernements fédéraux, provinciaux ou municipaux ou par les employeurs, de tarifs de stationnement moins élevés ou nuls et de primes d'assurance réduites. L'adoption très répandue des véhicules hybrides par les flottes de taxis en Amérique du Nord illustre bien leur fiabilité, leur efficacité et leur faible coût d'utilisation.

Mais il existe une option encore plus prometteuse : le véhicule hybride rechargeable. Celui-ci est muni d'un plus gros moteur électrique, d'un plus petit moteur à essence et d'une batterie à capacité de stockage accrue, qui peut être rechargée au moyen d'un simple fil électrique branché dans une prise d'alimentation domestique. Il ne consomme pas plus de 2,3 litres d'essence aux 100 kilomètres et ne produit aucune émission de gaz à effet de serre en ville, c'est-à-dire pour un trajet inférieur à 65 kilomètres. Le problème avec tout véhicule électrique, y compris la voiture hybride rechargeable, c'est le type d'énergie utilisée pour produire l'électricité. La voiture hybride rechargeable n'est pas encore commercialisée, mais des prototypes en sont présentement au stade des essais routiers.

Les véhicules électriques

Les véhicules électriques n'émettent aucun gaz à effet de serre pendant leur utilisation et sont donc particulièrement indiqués en milieu urbain. À l'heure actuelle, leur viabilité est toutefois limitée en raison de leur coût élevé, de leur faible autonomie de déplacement et de la longue durée de recharge de leurs batteries. Le type le plus couramment offert aujourd'hui est le véhicule électrique silencieux à émissions zéro (dit « zenn car » en anglais, pour « zero emissions, no noise »), avec une autonomie de 56 kilomètres, une vitesse maximale de 40 km/h et une durée de recharge de la batterie de 8 ou 9 heures. Ce type de véhicule peut être utile dans certaines agglomérations urbaines ou comme deuxième voiture pour un ménage.

Paradoxalement, des véhicules électriques plus gros et plus polyvalents ont été fabriqués dans les années 1990, mais leur production a rapidement été abandonnée. L'exemple le plus connu est celui du EV-1, de General Motors, qui a fait l'objet du documentaire intitulé *Who Killed the Electric Car ?* Le caractère écologique d'un véhicule électrique est surtout lié à la source de l'électricité utilisée pour la recharge de ses batteries. Une voiture électrique est alimentée par de l'énergie nucléaire en France, de l'énergie hydro-électrique au Québec et en Colombie-Britannique, et de l'énergie issue du charbon dans de nombreuses régions de l'Australie, du Canada et des États-Unis. Un facteur-clé du succès futur de la voiture électrique réside dans l'amélioration du rendement des batteries.

Les véhicules au diesel

Les véhicules au diesel émettent moins de dioxyde de carbone que les véhicules à essence. Il faut cependant préciser que, même si les nouveaux modèles sont beaucoup plus propres que leurs prédécesseurs, ils produisent plus d'agents polluants nocifs pour la santé : oxydes de soufre, oxydes d'azote et fines particules en suspension. Au Royaume-Uni, de vigoureuses politiques de lutte contre les changements climatiques ont favorisé l'achat de véhicules au diesel, ce qui a ainsi réduit les émissions de dioxyde de carbone de 400 000 tonnes et la consommation de pétrole d'un million de barils par année. Malheureusement, ces politiques ont été adoptées avant la mise en marché de véhicules au diesel plus propres, de sorte que la pollution de l'air engendrée par les véhicules supplémentaires a dû causer environ 90 décès de plus par année.

Acheter une voiture plus propre

L'option la plus verte consiste bien sûr à ne posséder aucun véhicule motorisé. Si vous devez vraiment avoir votre propre véhicule, achetez-en un qui satisfait vos besoins et qui offre la plus grande économie d'essence possible. Selon des scientifiques de l'Institut de technologie du Massachusetts, les véhicules hybrides représentent l'option la plus écologique, car leur utilisation globale d'énergie et leurs émissions de dioxyde de carbone sont inférieures de 37 % à 47 % à celles des véhicules traditionnels. Ils sont désormais offerts dans toutes les catégories de véhicules, c'est-à-dire non seulement les voitures personnelles, mais aussi les véhicules utilitaires et les camionnettes. Si des contraintes financières mettent hors de votre portée le versement du paiement initial à l'achat d'un véhicule hybride, vous pouvez vous tourner vers des voitures traditionnelles moins chères ayant un rendement énergétique relativement élevé. Le site Auto123 propose des chroniques sur les voitures écologiques *(www.auto123.com/fr/actualites/chroniques-vertes)*. Différents gouvernements fournissent également une information à jour sur le rendement énergétique. En 2007, les véhicules à essence offrant la meilleure performance en Amérique du Nord étaient la Toyota Prius, la Honda Civic hybride et la Toyota Camry hybride. Vous trouverez sur Internet tous les renseignements nécessaires en ce qui a trait à l'économie d'essence de véhicules spécifiques. Au Canada, consultez le site *www.oee.nrcan.gc.ca* ou encore *www.auto123.com/fr/autos-occasion/efficacite-energetique*

Si vous remplacez votre véhicule actuel par un véhicule hybride, vous allez réduire l'empreinte écologique de votre transport dans une proportion oscillant de 50 % (si vous passez d'une berline traditionnelle à une berline hybride) à 75 % (si vous passez d'un véhicule utilitaire à une berline hybride). Si vous envisagez l'achat d'un véhicule au diesel, vous devriez le reporter jusqu'à l'entrée en vigueur de nouvelles normes antipollution plus sévères (en 2009 aux États-Unis, plus tard au Canada). Si un véhicule entièrement électrique peut satisfaire vos besoins, en dépit de sa faible autonomie de déplacement, et que l'électricité produite dans votre région provient d'une source verte, vous diminuerez alors de 90 % l'empreinte écologique de votre transport. Renoncer à la deuxième, à la troisième et à la quatrième voiture de votre ménage est une autre façon de réduire votre empreinte. Enfin, si vous conduisez une voiture âgée de plus de 15 ans, il est temps de vous en débarrasser, car elle produit probablement deux ou trois fois plus de pollution atmosphérique qu'un modèle plus récent. Dans les pays industrialisés, divers programmes proposent des mesures incitatives pour le retrait de la circulation des vieilles voitures, qu'il s'agisse de titres gratuits pour le réseau de transport en commun ou de ristournes versées à l'achat d'un vélo ou d'un véhicule plus propre. Au Canada, consultez le site *www.carheaven.ca*

Conduisez mieux

En plus de conduire moins souvent, de choisir un véhicule plus vert ou d'adhérer à un groupe d'autopartage, vous devriez réfléchir à votre façon de conduire. Pratiquer une conduite agressive est une habitude dangereuse qui fait gagner très peu de temps (2,5 minutes par heure de conduite) mais qui fait augmenter de 37 % la consommation d'essence et engendre plus d'émissions nocives. Il est beaucoup plus sûr pour vous et plus sain pour la planète d'adopter des habitudes de conduite écologiques qui favorisent une diminution de la consommation d'essence, des émissions de dioxyde de carbone, de la pollution de l'air, du bruit, des coûts d'entretien et de réparation de votre véhicule, du stress du conducteur et des passagers ainsi que des accidents. En Europe, les cours de conduite écologique ont acquis une grande popularité et font maintenant partie des programmes d'apprentissage de la conduite automobile en Allemagne, aux Pays-Bas et au Royaume-Uni. L'adoption de la conduite écologique dans l'ensemble des pays industrialisés entraînerait une économie d'essence d'au moins 10 %, ce qui se traduirait par une consommation réduite de plusieurs milliards de litres et par une production de dioxyde de carbone réduite de plusieurs millions de tonnes par année.

Voici quelques conseils en matière de conduite écologique :
• Prenez moins souvent votre voiture et adoptez la marche, le vélo, le transport en commun, les déplacements combinés, le travail à la mai-

son, l'autopartage, le covoiturage, le recours aux vidéoconférences ou le télétravail.

- Éteignez la climatisation et les autres dispositifs énergivores.
- Ralentissez : c'est plus sécuritaire et cela économise l'essence.
- Démarrez doucement et prévoyez les arrêts à faire. Les accélérations et les freinages brusques augmentent la consommation d'essence, la pollution de l'air et l'usure des freins.
- Maintenez au niveau recommandé la pression d'air dans les pneus de votre voiture. Une pression insuffisante impose une consommation d'essence supplémentaire de 643 millions de litres par année aux propriétaires d'un véhicule utilitaire léger au Canada.
- Maximisez l'aérodynamisme de votre véhicule (enlevez le porte-bagages de toit et le porte-vélos lorsque vous ne les utilisez pas).
- Voyagez léger. L'ajout d'un poids de 45 kilos dans le coffre fait augmenter de 1 % à 2 % la consommation d'essence.
- Évitez de laisser le moteur en marche inutilement ; sa performance est alors de zéro kilomètre au litre…
- Évitez de circuler pendant les heures de pointe. Les accélérations et freinages répétés sont énergivores et engendrent une émission accrue des agents polluants responsables du smog.
- Évitez l'essence à indice d'octane élevé, car sa production nécessite beaucoup d'énergie, elle contient plus de substances nocives et offre peu ou pas d'avantages.

Utilisez des carburants plus propres

À cause des changements climatiques, de l'épuisement appréhendé des réserves de pétrole et de la hausse vertigineuse du prix de l'essence, les carburants de rechange suscitent de plus en plus d'intérêt. Parmi les possibilités, on retrouve l'hydrogène, le gaz de pétrole liquéfié, le gaz naturel pour véhicules et les biocarburants.

L'hydrogène

L'hydrogène est souvent qualifié de carburant de l'avenir parce qu'il peut servir à la propulsion des véhicules dotés d'une pile à combustible et que ses seuls sous-produits sont de l'eau et de la chaleur. Tout comme l'électricité, l'hydrogène est un porteur d'énergie, plutôt qu'une source d'énergie, comme l'essence. Son caractère écologique varie selon la méthode employée pour sa production, c'est-à-dire le recours à des combustibles fossiles ou à des sources d'énergie renouvelables. En dépit de l'ouverture d'autoroutes « à l'hydrogène » en Californie et en Colombie-Britannique, il existe encore très peu de véhicules alimentés à l'hydrogène et encore moins de stations-service offrant ce type de carburant. En outre, diverses questions relatives aux coûts, au stockage, au rendement et aux infrastructures nécessaires n'ont pas été résolues. Mais même ceux qui critiquent le recours à l'hydrogène reconnaissent l'importance de poursuivre les travaux de recherche et de développement sur l'emploi de piles à combustible dans le domaine du transport, en vue d'en exploiter le plein potentiel.

Le gaz de pétrole liquéfié et le gaz naturel

Le gaz de pétrole liquéfié et le gaz naturel pour véhicules apportent une modeste réduction des émissions de dioxyde de carbone et des agents qui causent le smog, et ils coûtent moins cher que l'essence. Les véhicules propulsés par ces carburants plus propres ne sont pas produits à grande échelle, mais les véhicules traditionnels peuvent être adaptés. En revanche, la distribution de ces carburants est beaucoup moins large que celle de l'essence et du diesel. Certains véhicules sont munis d'un moteur hybride pouvant être alimenté soit par un de ces carburants, soit par de l'essence.

Les biocarburants

Les biocarburants (le biodiesel et l'éthanol) représentent un type d'énergie renouvelable qui peut être fabriqué à partir de différents produits agricoles et de déchets de bois. Leurs vertus écologiques sont étroitement liées au type de carburant employé et à sa provenance. Le biodiesel est tiré d'huiles végétales, de matières grasses animales ou de graisses de restaurant recyclées. La substitution partielle ou totale du biodiesel au diesel entraîne une baisse marquée des émissions d'agents polluants et de gaz à effet de serre et ne cause qu'une faible diminution des performances routières. On peut ajouter 5 % de biodiesel au carburant habituel pour alimenter tout véhicule à moteur diesel, mais une plus grande proportion nécessitera de légères modifications du moteur. Si le biodiesel fait de canola peut être qualifié d'option verte, ce n'est certainement pas le cas lorsqu'il est produit à partir d'huile de palme provenant de plantations aménagées sur les cendres des forêts tropicales.

L'éthanol fait à partir de céréales est le carburant de rechange le plus utilisé à l'heure actuelle. Il peut être mélangé avec de l'essence (jusqu'à 10 %, ou E10) et utilisé dans tous les véhicules fabriqués après 1977. Une plus forte proportion d'éthanol (jusqu'à 85 %, ou E85) peut être employée dans des véhicules spéciaux dits à carburant modulable. Un vif débat se poursuit quant à savoir si les bienfaits écologiques de l'éthanol l'emportent ou non sur ses coûts. Encore une fois, c'est le type de plante et le lieu où elle est cultivée qui détermine le caractère écologique de ce carburant. L'éthanol tiré du maïs offre le moins d'avantages.

Il existe un autre problème mais aussi un autre motif d'optimisme en ce qui concerne les biocarburants. Le problème est le suivant : la production à grande échelle de biocarburants à partir de cultures vivrières monopoliserait de grandes étendues de terre, se substituerait à la production alimentaire et ferait augmenter le prix des aliments. Quant au motif d'optimisme, il découle du fait que l'éthanol peut aussi être tiré de la cellulose (paille, déchets agricoles, bois), auquel cas il comporte beaucoup plus d'avantages que l'éthanol issu de céréales. L'éthanol cellulosique engendre des émissions de gaz à effet de serre inférieures de 70 % à 90 % à celles de l'essence. Malheureusement, il n'est pas encore commercialisé.

Vous pouvez obtenir une modeste réduction de l'empreinte écologique de vos déplacements si vous utilisez des carburants renouvelables comme le biodiesel (dans des véhicules au diesel) et l'éthanol (dans des véhicules traditionnels), mais les craintes liées à l'élimination des cultures vivrières sont telles que les biocarburants actuels ne peuvent apporter qu'une faible contribution à la mise en place de moyens de transport plus durables.

Les crédits de carbone

Nombreux sont ceux qui, malgré leurs préoccupations écologiques, continueront à se déplacer en voiture et en avion, tout en réduisant peut-être la fréquence et la longueur de leurs déplacements. Un moyen novateur de compenser l'incidence de ces déplacements sur les changements climatiques consiste à acheter des crédits de carbone, dont le prix varie en fonction de la distance de déplacement et du moyen de transport utilisé. Les organismes qui vendent des crédits de carbone investissent une partie ou la totalité des sommes perçues dans des projets d'énergie renouvelable ou d'efficacité énergétique, ou encore dans la plantation d'arbres. Des Rolling Stones au Comité international olympique, un large éventail d'individus, d'entreprises et même de municipalités achètent des crédits pour compenser leurs émissions de CO_2. La compagnie aérienne canadienne WestJet offre même de payer vos crédits de carbone si vous faites vos réservations par l'intermédiaire de l'organisme Offsetters *(www.off setters.ca)*.

Des interrogations ont surgi quant à l'efficacité des crédits de carbone. Ces crédits sont relativement nouveaux, ne font l'objet d'aucune réglementation et se caractérisent par leur qualité très variée. La plantation d'arbres était populaire lors de l'apparition des crédits, mais la pertinence d'une telle action est aujourd'hui remise en question. On peut néanmoins recommander les fournisseurs suivants :

- Planetair *(www.planetair.ca)*.
- Atmosfair *(www.atmosfair.de)*.
- Climate Friendly *(www.climatefriendly.com)*.
- Climate Trust *(www.climatetrust.org)*.
- myclimate *(www.myclimate.org)*.

En résumé

Il y a une centaine d'années, le transport a connu des changements rapides et radicaux lorsque les voitures ont remplacé les chevaux. Une transformation de même envergure est indispensable aujourd'hui. Rendre les villes propres, sûres, salubres et attrayantes et stabiliser les conditions climatiques doivent devenir nos grandes priorités en matière de transport. Certains gouvernements et industries voient dans la technologie une panacée. Ils ont tort. La technologie verte ne résoudra pas tous les problèmes que cause notre système de transport actuel. Des voitures plus propres ne feront pas diminuer les embouteillages, les accidents de la route, l'étalement urbain ou les dangers planant sur la biodiversité. Un système de transport véritablement durable nécessitera une réorganisation du territoire et une production accrue d'énergie renouvelable. Il faudra des décennies pour mettre en œuvre des changements si amples, et c'est pourquoi nous devons les amorcer dès maintenant.

Vous pouvez contribuer à la mise sur pied d'un système de transport plus vert en choisissant soigneusement l'emplacement géographique de votre domicile, en effectuant moins de déplacements en voiture et en avion, et en recourant à des véhicules à propulsion humaine, au transport en commun, à l'autopartage, au covoiturage, au télétravail et aux vidéoconférences. Selon les experts en bonheur humain, vous serez enchanté par la liberté que procure la non-utilisation de votre voiture. Si vous devez néanmoins avoir une automobile, achetez le modèle offrant le meilleur rendement énergétique en fonction de vos moyens financiers, pratiquez une conduite écologique et faites le plein avec des carburants relativement propres. Toutes ces options sont disponibles maintenant. En les adoptant, vous contribuerez à les populariser davantage.

CHAPITRE 5

Zéro déchets

un mot pour vous,
pour vous et vos enfants :
demeurez ensemble,
apprenez les fleurs,
allez doucement.

GARY SNYDER

Le magasinage et la télévision ont remplacé le baseball et le hockey comme sport national au Canada et aux États-Unis. Chaque jour, l'Américain moyen consacre plus de temps au magasinage qu'à des pratiques religieuses ou spirituelles ou qu'à des activités sportives et récréatives. La télévision absorbe à elle seule plus de temps que les tâches ménagères, l'éducation, le sport, l'exercice physique, les soins donnés aux enfants, le bénévolat, la cuisine et le nettoyage réunis. Les Canadiens passent autant de temps que les Américains à faire du magasinage, mais ils regardent moins la télévision. Les messages publicitaires à la télévision et dans les autres médias nous lancent sans relâche cette injonction : achetez, achetez, achetez.

Tout ce que nous achetons a un passé caché d'impacts écologiques, qui se sont d'abord manifestés dans des forêts, des champs, des océans, des laboratoires et des mines à ciel ouvert. Beaucoup de produits finis ne rappellent en rien leur état brut initial ou leur lieu d'origine. Les aliments transformés ne présentent aucun signe qu'ils proviennent tous d'organismes autrefois vivants. Des ouvrages récents racontent l'histoire étrange et souvent troublante de la fabrication de divers objets, des tee-shirts aux Twinkies.

Un tee-shirt peut être originaire d'un champ de coton au Texas ayant été imbibé de pesticides et irrigué avec de l'eau puisée dans l'aquifère d'Ogallala, menacé de disparition. Après avoir été récolté par des travailleurs migrants, le coton traverse l'océan Pacifique pour aboutir dans une usine de textile en Chine. Une fois le tee-shirt fabriqué, il retraverse l'océan Pacifique à destination d'un magasin aux États-Unis. Il est ensuite porté pendant quelques mois, peut-être un ou deux ans, puis il se retrouve au dépotoir ou encore chez un organisme de charité. De là, il se rend en camion jusqu'à une usine de recyclage de vêtements. Des tee-shirts d'occasion sont vendus à des friperies, transformés en chiffons ou envoyés dans des marchés publics en Afrique. Chaque étape de leur périple — production agricole, transport par camion ou par bateau — est franchie au moyen de pétrole et produit de la pollution.

L'histoire des tee-shirts illustre bien comment les économies consomment des matières premières et rejettent des déchets et de la pollution pour produire des biens et des services. L'économie américaine utilise plus de 85 tonnes de ressources naturelles par personne et par année, à l'exclusion de l'eau. Autrement dit, elle avale chaque jour des ressources équivalant à trois fois le poids moyen d'un citoyen américain. Voilà pour la consommation. Par ailleurs, les États-Unis produisent 86 tonnes de déchets et de pollution par personne et par année. C'est l'atmosphère qui constitue de loin le plus gros dépotoir, puisque le dioxyde de carbone, principal responsable des changements climatiques sur la Terre, représente à lui seul plus de 80 % du volume total des déchets produits.

Comme William McDonough et Michael Braungart le font remarquer dans leur livre *Cradle to Cradle*, « ce que la plupart des gens voient dans leur poubelle n'est que la pointe d'un iceberg de matières ». Lorsque nous utilisons du papier, nous ne voyons ni les dommages infligés aux forêts, ni les chemins forestiers construits, ni le bois gaspillé, ni l'énergie et les ressources utilisées pour la fabrication, le fonctionnement et l'entretien des scies à chaîne, des abatteuses-groupeuses, des appareils de téléphérage par grappin, des camions forestiers et des papeteries. Lorsque nous prenons un repas, nous songeons rarement à l'érosion des sols, au pétrole utilisé pour la fabrication de pesticides et d'engrais ou à l'énergie et aux ressources entrant dans la production, le fonctionnement et l'entretien des tracteurs, des camions, des systèmes de réfrigération, des centres de distribution et des supermarchés. Au moment d'allumer le téléviseur, nous pensons rarement aux montagnes rasées en vue de l'exploitation d'une mine de charbon, aux rivières et aux vallées détruites par la découverture effectuée en vue de l'extraction du charbon, à l'énergie et aux ressources nécessaires à la construction, au fonctionnement et à l'entretien des centrales thermiques au charbon, ou encore au mercure, au dioxyde de soufre et au dioxyde de carbone que les centrales thermiques rejettent dans l'atmosphère. Notre consommation est complètement coupée de ses milieux naturels d'origine et de ses conséquences écologiques.

La compréhension des liens unissant nos actes individuels aux répercussions écologiques globales de l'activité économique nous offre un puissant motif de réduire notre consommation. Nous pouvons inverser les sombres statistiques sur l'utilisation des ressources et la pollution en réduisant notre demande et en envoyant des tsunamis tout le long de la chaîne de production. Lorsque vous réduisez d'un kilo votre consommation de biens, vous sauvegardez environ 200 kilos de ressources naturelles et prévenez la production d'environ 200 kilos de déchets et de pollution. Voilà qui démontre bien toute la portée que peuvent avoir des mesures de conservation à l'échelle individuelle.

Des experts estiment que les pays industrialisés riches doivent réduire de 90 % leur consommation d'énergie et de ressources pour que la planète puisse survivre au double problème qu'engendrent la croissance démographique et le confort matériel croissant des individus. Diviser par dix la consommation actuelle des ressources apparaît sans doute comme une proposition radicale, mais ce n'est pas le cas. La très respectable Organisation de coopération et de développement économiques (OCDE), qui regroupe 30 pays dont le Canada, les États-Unis, le Royaume-Uni, l'Australie et la plupart des pays riches du monde, affirme la nécessité d'une telle réduction. Elle prétend même qu'il serait « relativement facile » de parvenir à réduire de 75 % la consommation des ressources et son incidence écologique. L'Institut mondial des ressources, l'Institut Wuppertal et la Fondation David-Suzuki appuient également cet objectif de réduction de 90 %. L'effort à fournir est d'une telle ampleur que chacun a un rôle vital à jouer pour y parvenir.

Dans le chapitre premier, nous avons parlé du nombre croissant de gouvernements et d'entreprises qui s'efforcent de prévenir toute production de déchets, ce qui signifie que rien ne serait plus enfoui dans des dépotoirs ou incinéré. Le « zéro déchets » est un excellent objectif que peuvent aussi se donner les individus et les familles, parce que cela modifie la façon de considérer tous les produits achetés et amène chacun à tenir compte de leur destination finale. Certains voient dans la non-production de déchets un objectif réaliste, tandis que d'autres l'interprètent plutôt comme un idéal lointain. Les uns et les autres devraient au moins essayer. Ainsi, des individus entreprenants ont déjà réussi à réduire de 95 % ou plus le volume de déchets qu'ils envoient au dépotoir, parce qu'ils sont plus sélectifs dans leurs achats, qu'ils réduisent leur consommation de certains biens et qu'ils pratiquent le compostage et le recyclage.

Inspiration

Dick et Jeanne Roy forment un couple typiquement américain. Dick Roy a été le président de sa promotion à l'université d'État de l'Oregon, officier dans la marine et avocat en droit des entreprises au sein d'un prestigieux bureau à Portland (Oregon). Pour sa part, Jeanne a milité dans des groupes intervenant sur les questions liées à la qualité de l'air et aux déchets solides et a contribué à mettre sur pied les programmes de recyclage de Portland. En 1993, les Roy ont fondé le Northwest Earth Institute, qui aide les individus à adopter un mode de vie durable. Aujourd'hui, ils produisent si peu de déchets qu'il leur faut toute une année pour remplir leur poubelle une seule fois.

Colin Beavan, surnommé *No Impact Man*, vit à New York avec son épouse, sa fille et son chien. Il a suscité un intérêt dans le monde entier par suite des efforts qu'il déploie pour réduire au minimum son empreinte écologique. Beavan et sa famille n'achètent aucun produit neuf, emploient des moyens de transport ne nécessitant aucun combustible fossile, ne mangent que des aliments d'origine locale et n'utilisent ni emballage ni matière plastique. S'ils reconnaissent volontiers que l'absence totale d'impact écologique est contraire aux lois de la physique, ils cherchent néanmoins à compenser leur incidence écologique négative par des mesures positives : planter des arbres, nettoyer les plages, pratiquer le compostage, etc.

Ce que vous pouvez faire

Nous avons déjà décrit les trois facteurs qui représentent 80 % de l'empreinte écologique des citoyens des pays industrialisés, soit le logement, l'alimentation et le transport. Les 20 % restants sont attribuables à d'innombrables produits et activités ayant chacun une incidence infime. Un seul magasin Wal-Mart contient plus de 100 000 produits différents. L'évaluation de chaque catégorie de produits aurait rendu le présent livre si volumineux qu'il aurait lui-même constitué un échec écologique... en plus d'être assommant. De plus, les produits changent très rapidement et un très grand nombre d'entreprises, de biens et de services nouveaux arrivent sur le marché chaque année, si bien que les suggestions et recommandations spécifiques deviennent vite dépassées.

Nous recommandons plutôt six façons générales de relever le défi zéro déchets :
1. Appliquez les principes de la consommation viable.
2. Réduisez votre consommation.
3. Réutilisez les objets lorsque c'est possible.
4. Réparez les objets lorsque c'est possible.
5. Recyclez lorsque c'est possible.
6. Compostez les déchets de la cuisine, du jardin et du potager.

Douze principes pour une consommation viable

1. *Ne perdez pas de vue les priorités.* Ne vous préoccupez pas trop des sacs de plastique et des verres de styromousse jetables. Pensez davantage à votre lieu de résidence, à la consommation d'énergie dans votre foyer, à la fréquence et à la distance de vos déplacements en voiture et en avion, ainsi qu'à ce que vous mangez.

2. *N'achetez pas de trucs dont vous n'avez pas besoin.* Des trois commandements écologistes — réduire, réutiliser, recycler — le plus important est certainement le premier. Il est clair que la planète ne peut pas faire vivre 6,6 milliards de personnes qui consommeraient autant que les Nord-Américains ou les Australiens, et encore moins les 9 milliards de personnes qui, selon les projections démographiques, devraient peupler la terre en 2050.

3. *Rien ne se perd, rien ne se jette, tout se transforme.* Avant d'acheter un produit, pensez à ce que vous en ferez lorsque vous cesserez de l'utiliser. Tout produit, au terme de sa vie utile, doit pouvoir alimenter soit l'économie biologique (matières facilement biodégradables) soit l'économie industrielle (matières recyclables ou réutilisables pour la fabrication de nouveaux produits). Si un produit comprend ces deux types de matières, celles-ci doivent être faciles à séparer ou à démonter.

4. *Achetez des produits locaux.* Plus le lieu de culture ou de fabrication d'un produit est situé près de chez vous, moins les coûts de transport et la pollution engendrée sont élevés. Vous pouvez aussi être plus sûrs que les méthodes de production locales sont sans danger pour la santé et l'environnement, comme le montrent la foule de problèmes récents ayant affecté les importations en provenance de la Chine.

5. *Privilégiez la qualité et non la quantité.* Choisissez des produits durables et optimisez leur réutilisation en prenant soin d'eux et en assurant leur entretien régulier. Quant aux produits comme les vêtements, l'équipement sportif et les appareils de cuisine, maintenez-les en circulation par l'intermédiaire des magasins d'articles d'occasion et

des organismes de charité. Choisissez des produits dont la fabrication socialement et écologiquement responsable a été certifiée par un organisme indépendant (voir ci-dessous la section sur la certification).

6. *Misez sur l'énergie renouvelable.* Repérez les produits et les entreprises qui font appel à l'énergie éolienne, solaire ou géothermique ou à d'autres sources renouvelables.

7. *Achetez des produits sans risque pour la santé.* Évitez d'acheter ou d'utiliser des produits toxiques ou dangereux. Le risque est parfois sans équivoque, par exemple lorsque l'étiquette du produit porte la mention « Avertissement », « Poison », « Toxique », « Inflammable » ou « Explosif ». En l'absence d'une telle indication, vérifiez si la liste des ingrédients d'un produit comprend des substances chimiques au nom particulièrement long. Les produits chimiques qui vous sont inconnus ou qui ont un nom imprononçable sont les premiers dont vous devez suspecter les possibles effets négatifs pour la santé et l'environnement (voir ci-dessous la section « Étiquettes 101 »).

8. *Choisissez des produits faits essentiellement de composants recyclés.* Les bienfaits du recyclage ne pourront se concrétiser que si les individus achètent le plus souvent possible des produits recyclés. Vous le faites parfois sans le savoir, par exemple lorsque vous achetez des jus ou des boissons gazeuses en canettes d'aluminium ou des appareils électroménagers ou électroniques faits d'acier recyclé. Autrement, il vous incombe de rechercher les produits fabriqués avec des matières recyclées, comme les fournitures pour l'école ou le bureau.

9. *Exigez de meilleures options.* Les produits verts devraient être bon marché et faciles à trouver, mais des lois et des politiques malavisées favorisent souvent des produits non durables. L'action individuelle ne peut pas tout régler ; elle doit être étayée par des politiques écologiques fermes. Plus les citoyens vont voter pour des candidats sensibles à l'écologie, intervenir en faveur de solutions vertes novatrices et exercer des pressions pour obtenir de véritables changements, plus le virage vers un avenir viable se fera rapidement (voir le chapitre 6, « Citizen Green »).

10. *Encouragez les dirigeants et les innovateurs écologistes.* Les écoentrepreneurs et les entreprises vertes se heurtent souvent à un désavantage concurrentiel parce que les matériaux de qualité et les produits propres coûtent plus cher (même si leur coût global ou à long terme est inférieur). Faites preuve de discernement et donnez-leur votre appui.

11. *Nettoyez votre environnement mental.* Si vous voulez endiguer l'afflux permanent de messages publicitaires qui vous exhortent à acheter toujours plus de trucs, commencez par regarder la télévision moins souvent, annulez vos abonnements à des catalogues et restreignez votre temps de navigation sur Internet. La protection des enfants est cruciale. De 1980 à 2004, les sommes consacrées à la publicité visant directement les enfants américains sont passées de 100 millions à 15 milliards de dollars par année. Les enfants voient maintenant une moyenne de 40 000 messages publicitaires télévisés par année. Incitez le gouvernement de votre pays à imiter la Suède, le Royaume-Uni et le Québec, où la diffusion de certains types de messages publicitaires destinés aux enfants est interdite.

12. *Échangez de l'argent contre du temps.* Ceci pourrait bien être la meilleure affaire de votre vie, l'équivalent, à l'échelle individuelle, de l'acquisition par les États-Unis de l'Alaska russe en 1867 pour 7,2 millions de dollars (soit moins de 5 ¢ l'hectare…). Les Canadiens et les Américains se sentent plus stressés que jamais et déplorent le peu de temps libre dont ils disposent. Cette situation n'a rien de surprenant lorsqu'on sait que les Américains travaillent environ 350 heures par année (19 semaines) de plus que les Européens.

En outre, évitez le plus souvent possible d'utiliser des produits à fort impact négatif sur l'environnement (tondeuse à gazon à essence, souffleur de feuilles et souffleuse à neige ; tabac ; pesticides et engrais chimiques ; peintures et produits nettoyants dangereux). De même, ne participez pas à des activités ayant un fort impact négatif :
• bateau à moteur surpuissant.
• motomarine.

- motoneige.
- véhicule tout-terrain.
- pêche.
- golf.

Si vous évitez les produits et les activités à fort impact négatif sur l'environnement et que vous respectez les principes de la consommation viable, vous progresserez vers l'objectif de zéro déchets. Ces principes

● ●

Étiquettes 101

Comme le vert est maintenant en vogue, les fabricants et les détaillants ont facilement tendance à prétendre que leurs produits sont écologiques. Comment savoir si leurs prétentions sont fondées ou s'il s'agit d'une mascarade ? D'abord, vérifiez la présence d'une certification émise par un organisme crédible. Puis, faites preuve d'un sain scepticisme au sujet d'affirmations vagues. Des mots comme « naturel », « vert » et « sécuritaire » peuvent signifier à peu près n'importe quoi et sont souvent utilisés abusivement. Ensuite, recherchez certains détails spécifiques. La présence du symbole aux trois flèches vertes et du mot « recycler » ou « recyclable » indique qu'un produit est recyclable, mais non qu'il est fait de matières recyclées. Si le mot « recyclé » apparaît sur l'étiquette, tentez de repérer la proportion des matières ayant été recyclées, car il y a une grande différence entre 5 % et 100 % de matières recyclées. Enfin, le contexte a de l'importance. Un produit « recyclable » ne sera recyclé que s'il est accepté dans votre programme municipal de recyclage. Un produit « biodégradable » ne sera pas biodégradé si vous le jetez à la poubelle, car même les aliments et le papier peuvent ne pas se décomposer dans un dépotoir. Consultez le site d'*Option consommateurs (www.option-consommateurs.org)* pour obtenir tous les renseignements pertinents sur les différentes indications figurant sur les étiquettes des produits. De plus, le site de Recyc-Québec *(www.recyc-quebec.gouv.qc.ca)* donne toute l'information nécessaire sur les produits recyclables.

● ●

valent pour toutes les catégories imaginables de biens et services que vous pourriez acheter : vêtements, tapis, jouets, meubles, peintures, produits nettoyants, appareils électroménagers ou électroniques, cosmétiques, équipement sportif, etc. Prenons l'exemple des vêtements. Si vous appliquez les douze principes directeurs énoncés ci-dessus, vous vous deman-

• •

La certification, un bon indicateur de la viabilité

La certification est l'un des signes les plus fiables qu'un produit est véritablement vert. Voici quelques-uns des programmes de certification les plus largement respectés.

Produits non testés sur les animaux

L'Alliance contre le massacre des animaux dresse une liste des cosmétiques, produits d'hygiène personnelle (comme les shampooings) et produits ménagers (comme les savons à lessive) qui ne sont pas testés sur des animaux. Consultez le site *www.massacreanimal.org*

ÉcoLogo

ÉcoLogo est un programme d'étiquetage supervisé par Environnement Canada. La présence de son logo sur des produits et services certifie leur caractère écologique. Elle résulte d'une analyse, sur toute leur durée de vie, des émissions nocives, des éléments recyclés, de l'utilisation d'eau, de l'efficacité énergétique et d'autres facteurs. Consultez le site *www.ecologo.org.* Une certification équivalente, celle dite « du berceau au berceau » (*craddle to craddle*, ou C2C), est utilisée aux États-Unis *(www.c2ccertified.com)*

Energy Star

Le système d'évaluation Energy Star en vigueur en Amérique du Nord, en Europe, en Australie et ailleurs valorise les produits beaucoup moins énergivores que des produits comparables. Il s'applique actuellement à plus d'une cinquantaine de catégories de produits, dont les appareils électroménagers, les fenêtres, les climatiseurs, les appareils de chauffage, les thermostats, les ventilateurs, les lanterneaux, les toitures, les luminaires et les maisons neuves. Consultez le site *www.energystar.gc.ca*

Les forêts du Canada

Le site des forêts du Canada *(http://foretscanada.rncan.gc.ca)*, hébergé par Ressources naturelles Canada, fournit d'importantes informations pour une gestion durable des forêts canadiennes. De plus, le site de l'Association des produits forestiers du Canada *(www.fpac.ca)* permet d'en apprendre davantage sur la durabilité et l'écologie en matière d'exploitation forestière.

Écohabitation

Écohabitation est un portail québécois offrant une foule de renseignements concernant les habitations écologiques. Vous y trouverez aussi de l'information sur les types de peinture et de produits nettoyants à utiliser afin de réduire votre impact négatif sur l'environnement. Rendez-vous sur *www.eco habitation.com*

GreenSpec

GreenSpec certifie un large éventail de produits de bâtiment, de rénovation et d'ameublement. Consultez le répertoire des matériaux sur le site *www. buildinggreen.com*

Éthiquette — Le carrefour du consommateur responsable

Vous trouverez sur *www.ethiquette.ca* un guide à l'usage du consommateur québécois pour l'aider à faire des choix écologiquement responsables. Le site répertorie vêtements, nourriture, produits nettoyants et autres qui respectent les normes de la consommation responsable.

Conseil des appellations réservées et des termes valorisants

Cet organisme propose sur son site Internet une liste des certificateurs accrédités pour les produits alimentaires biologiques au Québec, au Canada et aux États-Unis. Consultez *www.cartvquebec.com*

derez si vous avez vraiment besoin de nouveaux tee-shirts ou souliers, vous irez fouiner dans des friperies, vous privilégierez les fibres naturelles (et biologiques, si possible) comme la laine, le chanvre, le bambou (vous serez surpris de sa douceur !), le lyocel (fait à partir de la cellulose présente dans la pâte de bois) et le coton, vous vous efforcerez de faire vos achats chez des designers et des producteurs locaux et vous donnerez à des organismes de charité les vêtements que vous ne portez plus.

Réduisez

Depuis des décennies, les écologistes préconisent une baisse de la consommation d'énergie et de ressources, mais leur appel est souvent interprété à tort comme un désir de revenir au mode de vie préindustriel. En réalité, il s'agit plutôt d'utiliser les ressources d'une façon plus efficace et plus durable. La route vers un mode de vie plus avancé a déjà été balisée avec un succès enviable par quelques-uns des pays européens les plus verts. Les personnes qui ne sont pas encore convaincues de la nécessité de réduire la consommation devraient aller faire un tour à leur dépotoir local, c'est une expérience très révélatrice.

Bien sûr, l'expression « dépotoir local » est trompeuse en ce qui concerne un grand nombre de villes. Par exemple, les déchets de Toronto sont transportés par camions jusqu'au Michigan et les déchets de New York s'en vont en Pennsylvanie. Les déchets de Londres empruntent la Tamise pour aboutir dans des dépotoirs de l'Essex, tandis que ceux de Sydney, en Australie, parcourent 250 kilomètres avant d'être déposés dans une ancienne mine à ciel ouvert.

Les Américains, les Australiens, les Britanniques et les Canadiens produisent des volumes de déchets analogues et ont ainsi le douteux honneur de faire partie des chefs de file mondiaux de la production de déchets. Les Canadiens engendrent environ 420 kilos de déchets ménagers par personne et par année. Environ le quart de ce volume est recyclé ou composté.

En dépit de la récente popularité du recyclage, chaque individu produit en moyenne deux fois plus de déchets aujourd'hui qu'en 1960, dont la plus grande partie pourrait être recyclée ou compostée. Aux États-Unis, les déchets sont surtout composés de papier et de carton (34 % du poids total) ainsi que de restes d'aliments et de résidus de jardin (25 %). Au total, près de 60 % des déchets jetés pourraient donc être utilement réutilisées.

Voici quelques façons originales de réduire votre consommation sans faire de sacrifices :

- Partagez : prêtez vos livres, vos disques compacts, les revues auxquelles vous êtes abonné, de même que les biens utilisés infréquemment, comme un bateau, des cisailles à haie, un sécateur, une scie à chaîne et d'autres outils électriques. Vous apprendrez ainsi à mieux connaître vos voisins, ce qui favorise généralement l'harmonie et la bonne humeur.
- Empruntez au lieu d'acheter. Les bibliothèques publiques offrent gratuitement (ou moyennant un abonnement annuel minime) des milliers de livres, et les bibliothécaires font souvent d'excellentes suggestions de lecture. La plupart des bibliothèques mettent également à votre disposition un vaste choix de DVD, de disques compacts, de cassettes vidéo et d'audiolivres.
- Louez, au lieu d'acheter, des jeux vidéo, des véhicules, des électroménagers, etc.
- Avec un groupe d'amis ou de collègues, formez une coopérative d'achat d'aliments biologiques. Non seulement vous ferez des économies et utiliserez moins d'emballages en achetant en gros, mais vous devrez aller au supermarché moins souvent.
- Achetez des produits dont vous avez le temps de profiter. Par exemple, au lieu de vous abonner à un quotidien, achetez un journal lorsque vous avez vraiment le temps de le lire, lisez-le dans une bibliothèque publique ou encore allez lire sa version électronique.
- Si vous devez choisir parmi des produits similaires, prenez le moins emballé. Rappelez-vous aussi que la fabrication de produits vendus sous forme concentrée (comme les jus et les savons à lessive) nécessite moins d'énergie et de ressources.

Les nouvelles technologies peuvent aussi vous aider à réduire votre empreinte. Vous pouvez ainsi télécharger légalement de la musique plutôt que d'acheter des disques compacts. Vous pouvez commander des livres et des DVD sur Internet et les recevoir chez vous par la poste. Vous pouvez envoyer des cartes d'anniversaire électroniques au lieu de cartes de papier. Ces pratiques font généralement diminuer la consommation d'énergie, la pollution de l'air et les émissions de gaz à effet de serre.

• •

Foire aux questions

Sacs d'épicerie et verres à café : papier ou plastique ? Ni l'un ni l'autre. Les études comparatives de l'impact écologique du papier et du plastique ont donné des résultats contradictoires. Mais une chose est sûre : dans les deux cas, les milliards d'unités utilisées ont une forte incidence écologique. Prenez plutôt des sacs et des verres réutilisables, surtout ceux qui sont faits de matières recyclées ou recyclables.

Couches : lavables ou jetables ? Ni les unes ni les autres. De plus en plus nombreux sont les parents qui pratiquent l'hygiène infantile naturelle, laquelle consiste à habituer les parents et les bébés à réagir aux signaux naturels afin que les nourrissons n'aient plus besoin de porter une couche en très bas âge (lire, en anglais, *www.natural-wisdom.com*). Une autre option est la couche gDiaper, faite d'une culotte extérieure de coton et d'une doublure imperméable munie de fixations en fibres de cellulose. La culotte et la doublure sont lavables et réutilisables, tandis que les fixations peuvent être jetées dans les toilettes. Certifiée en tant que produit « du berceau au berceau », la couche gDiaper est la plus écologique, parce qu'aucune de ses parties ne se retrouve au dépotoir, que sa fabrication ne requiert ni chlore ni plastique et qu'elle peut être lavée moins souvent (ce qui signifie une moindre consommation d'eau et d'énergie) qu'une couche lavable courante (voir le site *www.gdiapers.com*, qui vous permet de localiser le détaillant de couches gDiaper le plus près de chez vous.)

• •

Inspiration

En plus de gaspillager des ressources, les sacs de plastique sont dangereux. Produits dérivés du pétrole, ils ne sont pas biodégradables, mais plutôt photodégradables, c'est-à-dire qu'ils se décomposent au soleil en petits grains de plastique... au bout d'un millier d'années. On estime qu'il y a dans les océans plus de 18 000 morceaux de plastique par kilomètre carré. Après que des tortues marines (une espèce menacée) au régime alimentaire surtout composé de méduses ont été trouvées mortes de faim, les autopsies pratiquées ont révélé que leur estomac était rempli de sacs de plastique.

Certains pays ont décidé de combattre ce fléau et imposent des frais élevés sur l'utilisation des sacs de plastique, quand ils ne les interdisent pas carrément. Lorsque l'Irlande a imposé des frais de 25 ¢ par sac en 2002, leur utilisation a chuté de 90 %. Selon Martin Cullen, ministre irlandais de l'Environnement, « l'imposition de ces frais d'utilisation a été un succès extraordinaire. Plus d'un milliard de sacs de plastique seront retirés de la circulation, pendant que les sommes issues de la perception de ces frais serviront à financer d'autres initiatives écologiques. Il est certain que ces frais ont non seulement modifié le comportement des consommateurs, mais qu'ils ont aussi sensibilisé les citoyens au rôle que chacun d'eux peut et doit jouer si nous voulons résoudre collectivement les problèmes liés à la gestion des déchets. » Taïwan, le Bangladesh, le Rwanda, l'île Maurice, l'Afrique du Sud, la ville de San Francisco et plusieurs villes d'Australie ont interdit l'utilisation de certains types de sacs de plastique, voire, dans certains cas, de tous.

Réutilisez

L'achat d'articles ayant déjà servi, comme des vêtements, de l'équipement sportif, des livres et des disques compacts, a le grand avantage de n'avoir

requis aucune ressource ou énergie nouvelles. Voici quelques articles courants qui peuvent être réutilisés :
- Tasses à café et baguettes (pour manger) en acier inoxydable.
- Contenants remplissables.
- Serviettes de table en tissu et lavettes.
- Papier (utilisez les deux côtés).
- Cartouches d'imprimante remplissables.
- Piles rechargeables. Chaque pile peut être réutilisée plus de 1 000 fois et donc remplacer jusqu'à 300 piles jetables, avec en prime une forte diminution de la consommation d'emballages.

Évitez d'acheter des articles jetables, que ce soient des serviettes de table en papier, des ustensiles de plastique, des appareils photo, des piles ou des rasoirs. Donnez aux œuvres de bienfaisance, aux friperies ou à d'autres organismes les vêtements, jouets, ustensiles de cuisine et autres articles ménagers que vous n'utilisez plus. Ces organismes reprennent généralement tous les types d'articles, des vêtements et des tissus aux électroménagers et aux meubles. Tous les articles donnés devraient être propres et d'une qualité acceptable. Comme mesure incitative, les donateurs d'articles ayant une plus grande valeur bénéficient parfois d'un crédit d'impôt.

Partout dans le monde, Internet offre de formidables occasions d'acheter et de vendre (ou, mieux encore, de donner) des biens déjà utilisés. Parmi les sites intéressants figurent *www.Craigslist.org, www.ebay.ca*, de même que de nombreux sites de petites annonces comme *www.lespac.com* ou *www.kijiji.ca*. Vous pouvez aussi recourir aux moyens plus traditionnels que sont les foires, les bazars, les ventes-débarras et les ventes de garage. Vous serez surpris de voir tout ce que les gens y achètent !

Réparez

La réparation est presque devenue un art oublié en cette ère d'obsolescence planifiée. Songez à la dernière fois que vous avez rendu visite à un cordonnier ou à un réparateur de téléviseurs. La réparation d'un objet nécessite beaucoup moins de ressources et engendre beaucoup moins de déchets que son remplacement. Si vous vous occupez régulièrement du nettoyage et de l'entretien de vos électroménagers, ordinateurs, outils, vêtements, souliers et voitures, leur vie se prolongera sensiblement. Donc, avant de les remplacer, vérifiez s'il est possible de les réparer. Les exceptions à la règle « Réparez d'abord » concernent les vieilles voitures voraces en essence, les électroménagers énergivores et les installations sanitaires qui utilisent beaucoup d'eau, lesquels devraient tous être remplacés par des produits à haut rendement énergétique.

Recyclez

Aucune autre pratique écologique n'a attiré l'attention du public et n'est devenue partie intégrante de la vie quotidienne aussi rapidement que le recyclage. En 1980, un seul programme de recyclage de quartier était en vigueur dans l'ensemble des États-Unis, contre près de 9 000 en 2005. Le taux de recyclage dans les ménages en Australie a doublé de 1990 à 1993 et n'a jamais cessé d'augmenter depuis. Au Canada, 97 % de la population affirme qu'elle pratique un recyclage au moins partiel, ce qui constitue une hausse remarquable depuis une vingtaine d'années. Les avantages du recyclage sont nombreux : moindre consommation d'énergie, moins de gaz à effet de serre, conservation des ressources naturelles au bénéfice des générations futures, création d'emplois et apport de matières premières utiles aux industries. Grâce au recyclage et au compostage, vous pouvez également réduire votre facture de collecte des déchets (dans les municipalités qui ont la sagesse d'imposer des frais pour chaque sac à ordures). On accuse parfois le recyclage d'être inefficace ou d'engendrer un gaspillage des fonds publics, mais les faits réfutent ces accusations. Des études ont montré que le recyclage est nettement plus écologique que l'incinération ou l'enfouissement des déchets.

Aux États-Unis, l'industrie du recyclage traite chaque année plus de 150 millions de tonnes de produits et d'emballages pour les décomposer en matières brutes destinées au secteur manufacturier. Le recyclage de l'aluminium requiert vingt fois moins d'énergie que la fabrication d'aluminium neuf. Le recyclage des appareils électroménagers (dont l'acier constitue la plus grande partie du poids) fait diminuer le volume des déchets miniers de 97 %, l'utilisation de matériaux neufs de 90 %, la pollution de l'air de 86 %, la pollution de l'eau de 76 %, l'utilisation d'énergie de 74 % et l'utilisation d'eau de 40 %. Le recyclage d'une tonne de papier évite l'abattage de 17 arbres et l'utilisation de 359 litres de pétrole et de 31 780 litres d'eau, en plus d'économiser 2,5 mètres cubes d'espace dans un site d'enfouissement. Le recyclage d'une pile de journaux d'un mètre de haut seulement sauve la vie d'un arbre !

Voici les produits les plus couramment recyclés aux Etats-Unis :
- Batteries de voiture au plomb (taux de recyclage de 99 %).
- Journaux (89 %).
- Boîtes de carton ondulé (72 %).
- Grands électroménagers (67 %).
- Boîtes de conserve en acier (63 %).
- Canettes d'aluminium (45 %).

Malgré la popularité croissante du recyclage, il reste encore beaucoup à faire. Dans de nombreux pays, la majorité des déchets ménagers qui aboutissent dans les sites d'enfouissement pourraient être recyclés ou compostés.

Chaque année, les Américains jettent dans leurs bureaux assez de papier pour construire un mur de 3,6 mètres de haut qui irait de New York à Seattle, et assez d'aluminium pour reconstruire toute la flotte aérienne commerciale.

La plupart des programmes de recyclage acceptent les métaux, le verre, le papier, le carton et certains types de plastique. Les plastiques sont les matières les plus difficiles à recycler, ce qui vous donne une autre raison de renoncer aux contenants et emballages de plastique. Les contenants de plastique les plus faciles à recycler portent le numéro 1 ou 2 à l'intérieur du symbole de recyclage (trois flèches formant un triangle), tandis que ceux qui portent les numéros 3, 6 ou 7 doivent être évités dans la mesure du possible. Il importe de laver les articles recyclables avant de les déposer dans le bac vert, tant pour protéger la santé des travailleurs de l'industrie du recyclage que pour préserver la valeur des matériaux.

Informez-vous des matières qu'accepte votre programme de recyclage municipal. Les règles varient d'une ville à l'autre, si bien que vous avez avantage à consulter Internet ou les sources d'information gouvernementales locales. Au Canada, communiquez avec votre organisme de recyclage municipal ou provincial pour obtenir plus d'information (au Québec, rendez-vous sur le site de Recyc-Québec : *www.recyc-quebec.gouv.qc.ca*).

Se rendre en voiture au centre de recyclage annule une partie des avantages du recyclage, alors faites en sorte que le déplacement en vaille la peine. Il faut toutefois le répéter : le recyclage est important, mais c'est la réduction de la consommation qui est la priorité absolue.

Inspiration

L'Allemagne est un chef de file mondial de la lutte contre les emballages superflus. Dans les années 1990, elle a adopté une loi qui rend les fabricants responsables de la récupération de leurs emballages. Alors que le volume des déchets dus aux emballages augmentait de 2 à 4 % par année avant l'entrée en vigueur de la loi, l'Allemagne est parvenue depuis à réduire de près de 70 % le poids des déchets de ce type qui sont enfouis ou incinérés.

La Belgique, la Suède et l'Autriche lui ont emboîté le pas et recyclent maintenant de 65 à 75 % des emballages produits. L'initiative allemande a ensuite été reprise dans toute l'Union européenne.

Le compostage

Les restes de table et les résidus de jardinage constituent environ le quart des déchets au Canada et aux États-Unis. Peu importe où vous vivez, une des choses les plus utiles que vous puissiez faire pour réduire le volume de vos déchets consiste à composter les restes de table, les déchets de jardinage et même le papier déchiré. Le compostage est le processus biologique par lequel la matière organique se transforme en une sorte d'humus (à ne pas confondre avec l'houmous, la délicieuse purée de pois chiches). Dans les dépotoirs, la matière organique pourrit et libère du méthane, un gaz qui contribue aux changements climatiques. D'ailleurs, environ 33 % du méthane produit en Amérique du Nord provient des dépotoirs.

Le compostage comporte aussi de nombreux avantages pour les individus, les collectivités et l'environnement en général. Il réduit le volume des déchets aboutissant dans les bennes à ordures, prolonge la durée de vie des dépotoirs et réduit les émissions de méthane. Le compost lui-même nourrit les sols et favorise la prolifération des espèces qui y vivent, comme les vers de terre et les mille-pattes, ce qui rend moins nécessaire l'épandage de pesticides et d'engrais chimiques. Les enfants qui voient leurs restes de table se transformer en éléments nutritifs pour le sol sont souvent émerveillés par ce processus naturel. Dans certaines collectivités, les matières organiques sont recueillies à domicile, avec d'autres matières recyclables, et transportées à un centre de compostage, qui, à la fin du processus, vend le compost à des agriculteurs et à des jardiniers.

Communiquez avec votre région ou votre municipalité pour savoir si, comme beaucoup d'autres, elle offre aux résidants des bacs de compostage pour quelques dollars. Internet est une excellente source d'information sur tous les types de compostage. Au Canada, consultez le site Internet du Conseil canadien du compostage *(www.compost.org)*. Recyc-Québec propose également un guide intitulé *Le Compostage facilité*, disponible dans son centre de documentation en ligne *(www.recyc-quebec.gouv.qc.ca)*.

Les personnes qui habitent en appartement peuvent pratiquer le lombricompostage. Cette méthode fait appel à des vers de terre, ou lombrics, pour transformer les matières organiques en turrucules (un compost sans odeur qui sert de paillis, d'agent d'amendement des sols, d'engrais et d'additif au terreau). Des organismes naturellement présents dans la terre, comme des bactéries, des champignons et des mille-pattes, participent également à la décomposition des matières organiques. Consultez le site *www.eco-quartier.ca/vermicompostage.htm*

Environ 25 % des ménages canadiens pratiquent le compostage de leurs restes de table ou de leurs déchets de jardinage, mais la proportion atteint 90 % à l'Île-du-Prince-Édouard et en Nouvelle-Écosse. Pourquoi un si grand écart ? Les gouvernements de ces deux provinces ont adopté des lois interdisant l'acheminement des matières organiques vers les dépotoirs ou les incinérateurs. Certaines personnes adoptent volontairement des pratiques écologiques, mais il faut souligner que des politiques publiques vigoureuses font beaucoup pour amener tous les citoyens à faire leur part.

En résumé

Après des années de négligence, l'impératif écologique d'une diminution de la consommation semble en voie de se répandre au sein de la population. Des sondages d'opinion récents ont révélé que 88 % des Américains estiment que leur société est trop matérialiste et trop axée sur la consommation. Près de neuf Américains sur dix reconnaissent que ce matérialisme excessif absorbe trop de ressources, produit trop de déchets et nuit à l'environnement. Le zéro déchets est un puissant antidote à cette exagération matérialiste. En vous fixant cet objectif, vous contribuerez à la conservation des ressources naturelles, aux économies d'énergie, à la protection des espèces sauvages, à la diminution de la pollution de l'air et de l'eau ainsi qu'au ralentissement des changements climatiques massifs déjà amorcés.

Les efforts de tout un chacun peuvent avoir un effet étonnamment grand. L'évaluation de l'effet global des efforts individuels de réduction de la consommation doit être revue à la hausse, pour bien refléter la grande quantité d'énergie et de ressources qui sont ainsi économisées à l'échelle mondiale. Selon nos estimations, lorsque vous réduisez de 400 à 40 kilos (soit de 90 %) par année votre production de déchets, non seulement vous envoyez 360 kilos de déchets de moins au dépotoir ou à l'incinérateur, mais vous créez aussi un produit (le compost) qui enrichit les sols et un ensemble de matières brutes réutilisables qui alimentent l'économie. Encore mieux, vous prévenez indirectement la consommation annuelle d'environ 72 tonnes d'énergie et de ressources (l'équivalent d'une semi-remorque) par l'économie industrielle, avec le rejet d'agents polluants et de déchets dans l'environnement qui s'ensuit. Par le fait même, votre foyer sera sans doute moins encombré par divers objets vite inutilisés et vous éprouverez un sentiment de fierté à la pensée d'agir concrètement en faveur de l'environnement. Nous vous encourageons donc à déployer tous les efforts possibles pour relever le défi du zéro déchets.

En même temps, nous reconnaissons que, dans les circonstances actuelles, seul les individus les plus dévoués peuvent parvenir à s'approcher du zéro déchets, car il y a encore trop de produits mal conçus, trop d'emballages superflus et trop peu de programmes de recyclage et de compostage vraiment efficaces. Pour atteindre le zéro déchets, il faudra :
• que les fabricants revoient la conception de leurs produits et de leurs emballages et assument la responsabilité de les reprendre à la fin de leur durée de vie ;
• que les pouvoirs publics adoptent des lois imposant la présence de matières recyclées dans les produits ;
• que les subventions accordées à l'utilisation de matières neuves soient éliminées ;
• que les programmes de recyclage et de compostage soient améliorés.

La nécessité de ces changements aux politiques publiques met en relief le fait que, si la réduction individuelle de l'empreinte écologique est importante, nous devons également chercher à faire des progrès sur le terrain politique. Au Canada, aux États-Unis et en Europe, des collectivités dynamiques ont déjà fait diminuer de la moitié ou des deux tiers le volume des déchets envoyés dans les dépotoirs et les incinérateurs. Comment s'y sont-elles prises ? Les membres de ces collectivités sont-ils plus sensibles aux questions écologiques ? Pas forcément. Mais il existe des lois, des politiques, des plans et des programmes dans ces collectivités qui interdisent certaines pratiques et qui incitent les citoyens à adopter des comportements et des techniques écologiques.

Les lois ont-elles vraiment des effets tangibles ? Pensons aux lois qui imposent une consigne sur les contenants de boissons. Dans les États américains où les lois ne prévoient aucune consigne, le taux de recyclage est de 27,9 %. Dans les dix États où la consigne est de 5 ¢, le taux de recyclage s'élève à 70 %. Au Michigan, où la consigne est de 10 ¢, le taux de recyclage atteint 95 %. Alors, oui, les lois ont des effets tangibles. Comme le montre le prochain chapitre, vous pouvez exercer votre pouvoir de citoyen pour rendre le monde plus propre, plus vert et plus viable.

CHAPITRE 6

Citizen Green

La plus grande force dans le monde n'est pas entre les mains d'une armée, d'un corps de police, d'un État ou d'une entreprise. Elle réside en nous-mêmes, conscients des dangers que nous affrontons et des possibilités que nous créons. Nous sommes partout.

ALEX STEFFEN

E n plus de votre action en tant que consommateur sensible aux impératifs écologiques, vous avez un important rôle à jouer à titre de citoyen. Une action politique auprès de tous les niveaux de gouvernement doit être entreprise de toute urgence pour créer un avenir viable. Des politiques écologiques novatrices doivent inciter les individus et les entreprises à adopter des pratiques saines pour l'environnement et à renoncer aux comportements nuisibles. Les gouvernements ne vont mettre en œuvre des politiques écologiques vigoureuses que si les citoyens, c'est-à-dire vous, exercent sans relâche des pressions en ce sens.

Deux lauréats du prix Nobel offrent une puissante source d'inspiration aux personnes qui souhaitent traduire en actions concrètes leurs convictions écologiques. Wangari Maathai, la première écologiste et la première Africaine à recevoir le prix Nobel de la paix, est l'exemple même d'un citoyen vert. À la fin des années 1970, elle a quitté son poste à l'Université de Nairobi, où elle avait été la première femme à être nommée professeure, afin de fonder le mouvement Greenbelt. Ce mouvement a entrepris de planter plus de 30 millions d'arbres pour reboiser l'Afrique et lutter contre la pauvreté. Bien qu'elle ait été agressée et emprisonnée, Maathai a poursuivi ses efforts sur le terrain, est entrée dans l'arène politique et a été élue au Parlement du Kenya en 2002. Dans son discours de réception du prix Nobel, elle a affirmé que, « bien que ce soit moi qui reçoive ce prix, celui-ci vient en fait récompenser le travail qu'ont accompli d'innombrables groupes et individus partout dans le monde. Tous ces gens agissent discrètement, et souvent sans obtenir la moindre reconnaissance, pour protéger l'environnement, promouvoir la démocratie, défendre les droits de la personne et assurer l'égalité des femmes et des hommes. Ce faisant, ils sèment les germes de la paix. »

Autre lauréat du prix Nobel de la paix, Nelson Mandela est un ardent défenseur du droit des peuples à vivre dans un environnement sain. Grâce au rôle dirigeant qu'a joué Mandela, l'Afrique du Sud a été le premier pays du monde à inscrire dans sa constitution, au milieu des années 1990, le droit humain de disposer d'eau potable. Tandis que, à l'époque, 14 millions de Sud-Africains n'avaient pas d'accès à de l'eau potable, 10 millions d'entre eux peuvent aujourd'hui en bénéficier dans leurs foyers, et on prévoit que les autres feront de même dans quelques années à peine. Dans son intervention à la tribune du Sommet mondial sur le développement durable en 2002, Mandela a dit ceci : « Je retourne fréquemment dans le village et la région de mon enfance et de ma jeunesse, et il m'est particulièrement douloureux de constater la pauvreté des individus et les ravages qui affligent leur milieu naturel. Et dans tous ces dégâts causés à leur environnement, c'est l'absence d'accès à l'eau potable qui me frappe le plus. Je considère que les progrès accomplis par notre gouvernement en vue d'apporter l'eau potable à un si grand nombre de personnes font partie des réalisations les plus importantes de la démocratie dans notre pays. »

Ce que vous pouvez faire

Contrairement à Wangari Maathai et Nelson Mandela, les Canadiens, les Américains, les Australiens, les Européens et de nombreux autres citoyens des pays industrialisés ont la chance de vivre dans une société qui respecte et protège les droits fondamentaux de la liberté de parole et d'association. À quelques troublantes exceptions près, nous pouvons critiquer activement et publiquement les gouvernements et les entreprises sans craindre d'éventuelles conséquences négatives.

Neuf moyens de tirer parti de ces droits et d'exercer vos prérogatives de citoyen en faveur de l'environnement s'offrent à vous :

1. Voter aux élections à tous les niveaux de gouvernement.
2. Exprimer votre opinion entre amis et collègues, en public et dans les médias.
3. Faire du bénévolat en appui aux causes écologiques.
4. Donner du temps, de l'argent ou des biens à des organismes à but non lucratif.
5. Entreprendre une carrière verte en affaires, dans le secteur public ou au sein d'un groupe écologiste.
6. Faire des investissements à caractère éthique.
7. Participer à des activités communautaires.
8. Boycotter des produits ou des entreprises spécifiques.
9. Promouvoir des lois et des politiques qui peuvent contribuer à sauvegarder la planète.

Votez pour des candidats bien informés

Si la sensibilité du public à l'égard des questions écologiques atteint aujourd'hui de nouveaux sommets, nous continuons néanmoins d'élire des responsables politiques qui ne connaissent rien à l'écologie et qui ne se soucient pas des milieux naturels. Vous pouvez renverser la vapeur à cet égard si vous prenez d'abord connaissance des positions que les candidats aux différentes élections défendent au sujet de l'environnement et, bien entendu, si vous exercez ensuite votre droit de vote ! Les gouvernements jouent un rôle essentiel dans notre vie à tous, et leur action revêt une importance cruciale pour la préparation d'un avenir viable. Voter est un

geste simple qui peut avoir de profondes répercussions positives ou négatives sur l'environnement. Quiconque demeure sceptique quant à l'incidence de l'action électorale n'a qu'à réfléchir aux résultats de l'élection
présidentielle aux États-Unis en 2000, alors que les bulletins annulés, la
faible participation électorale et le vote recueilli par Ralph Nader ont
contribué à l'élection du président le plus anti-écologiste de toute l'histoire américaine, George W. Bush. On peut bien sûr se réjouir du fait que,
par suite de sa défaite contre Bush, Al Gore se soit métamorphosé en partisan acharné de la lutte contre les changements climatiques, ce qui lui a
d'ailleurs valu de recevoir le prix Nobel de la paix. Sauf que si Gore avait
été élu à la présidence, c'est toute la politique américaine concernant les
changements climatiques qui aurait été radicalement différente de ce
qu'elle est maintenant.

Parallèlement à l'aggravation de la crise écologique mondiale, le
Royaume-Uni, le Canada et les États-Unis connaissent une érosion
constante de la participation électorale des citoyens, ce qui a des conséquences négatives à l'échelle nationale, fort dommageables à l'échelle pro-
vinciale ou régionale, et carrément désastreuses à l'échelle locale. Le taux
de participation électorale au Royaume-Uni n'a pas cessé de baisser
depuis 1950. Lors des élections fédérales tenues au Canada en 2004, la
participation n'a pas dépassé 61 %, soit le taux le plus faible depuis 1898.
Le Canada s'est classé au 77e rang dans le monde pour la participation aux
scrutins organisés entre 1945 et 2000, tandis que les États-Unis se retrouvent au 139e rang. Aux élections municipales, seuls 40 % des Canadiens se
donnent la peine d'aller voter, et souvent moins aux États-Unis. Les jeunes
expriment les préoccupations écologiques les plus profondes, mais ce
sont eux qui votent le moins.

Par contre, l'Australie se distingue avec l'un des taux de participation
les plus élevés du monde, en partie parce que le vote y est obligatoire
depuis 1920. L'Europe de l'Ouest aussi affiche généralement un assez bon
taux de participation électorale.

Il est clair que des réformes électorales sont devenues nécessaires au
Canada, au Royaume-Uni et aux États-Unis afin de relancer la démocra-

tie et de mieux faire entendre la voix des citoyens. Ces trois pays utilisent encore le vieux système électoral uninominal à un tour, où chaque candidat doit simplement dépasser les autres pour être élu. Seul un petit nombre de démocraties occidentales recourent encore à ce système, qui ne prend pas en compte un grand nombre de votes et qui souvent ne reflète pas la volonté de la majorité des électeurs. Ainsi, au Canada, des gouvernements s'appuyant sur une majorité parlementaire ont déjà été élus, aux niveaux tant fédéral que provincial, après avoir obtenu moins de 40 % des voix exprimées. En d'autres termes, près de deux électeurs sur trois, dans ces cas, ont voté contre un parti politique qui a néanmoins formé à lui seul le gouvernement. De petits partis ayant une forte présence nationale récoltent parfois un grand nombre de voix mais demeurent complètement à l'écart du gouvernement, tel le Parti vert du Canada.

Les systèmes électoraux fondés sur une représentation proportionnelle prédominent désormais dans le monde. En vertu de ce système, le nombre de sièges qu'obtient chaque parti politique est fonction de la proportion des voix qu'il a recueillies, ce qui réduit énormément le nombre de votes qui ne sont pas pris en compte sur le plan politique. La représentation proportionnelle a aidé les différents Partis verts européens à acquérir une grande force politique à l'échelle du continent. Le Parti vert a fait partie ou fait encore partie d'un gouvernement de coalition nationale en Allemagne, en Finlande, en Belgique, en France, en Irlande et aux Pays-Bas. Plusieurs provinces canadiennes, dont la Colombie-Britannique, le Québec, l'Ontario, l'Île-du-Prince-Édouard et le Nouveau-Brunswick, songent sérieusement à adopter la représentation proportionnelle. Ajoutez votre voix au chœur de ceux qui réclament un système démocratique plus représentatif. Pour plus d'information sur la représentation proportionnelle, consultez le site Représentation équitable au Canada *(www.fair vote.ca)* et celui du Mouvement Démocratie Nouvelle *(www.democratie-nouvelle.qc.ca)*.

Plusieurs organismes s'efforcent de contribuer à la victoire des candidats écologistes et à la défaite des antiécologistes, quelle que soit l'affiliation politique de ces candidats. Aux États-Unis, la League of Conservation

Voters *(www.lcv.org)* compile les votes des membres du Congrès concernant les questions écologiques et publie un rapport annuel à ce sujet qui sert de guide de référence pour aider les électeurs à décider à qui ira leur vote. Au cours des dix dernières années, la ligue a contribué à la défaite électorale de 23 des 37 candidats identifiés comme des antiécologistes primaires, tandis que 80 % des candidats qu'elle a appuyés ont ensuite été élus. Fondé sur le même principe, l'organisme canadien Conservation Voters, présent dans certaines provinces, accorde son soutien aux candidats écologistes lors des élections municipales, provinciales et fédérales. Grâce aux dépliants distribués, à la publicité électorale et au porte-à-porte, la plupart de ces candidats sont élus. Allez voir le site *www.conservation voters.ca* (en anglais) pour plus amples renseignements.

Inspiration

Dans le cadre d'une campagne menée au début des années 1990 par le Fonds mondial de la nature et la Société pour la nature et les parcs du Canada, plus d'un million de Canadiens ont signé un document intitulé *Charte de la nature* qui exhortait les gouvernements à protéger au moins 12 % du pays au moyen de parcs avant l'an 2000. Tous les dirigeants politiques et les gouvernements s'étaient engagés à atteindre cet objectif. Les pressions exercées par le public ont favorisé une forte croissance des parcs et des espaces canadiens protégés, qui sont maintenant à l'abri de l'extraction industrielle des ressources naturelles. Durant les années 1990, plus d'un millier de nouveaux parcs, réserves écologiques et aires naturelles couvrant plus de 40 millions d'hectares ont été aménagés.

En Australie, les efforts qu'ont déployés des groupes écologistes et des citoyens ont mené à l'adoption d'une loi qui protège contre le défrichage plus de 20 millions d'hectares de brousse indigène.

Faites-vous entendre

Il n'a jamais été aussi facile qu'aujourd'hui d'exprimer son opinion. Vous pouvez communiquer directement avec les élus et les fonctionnaires par téléphone, télécopieur, courrier ou courriel. Vous pouvez aussi faire connaître publiquement votre opinion par les moyens suivants :

- Envoyer une lettre au courrier des lecteurs des journaux et des magazines.
- Participer aux tribunes radiophoniques.
- Diffuser dans Internet des messages ou des vidéos.
- Écrire votre propre blogue.
- Créer votre propre site Internet.

Lorsque beaucoup de personnes font entendre leur voix, les gouvernements tendent généralement l'oreille, comme en témoignent l'échec de diverses propositions visant à affaiblir les normes relatives aux aliments biologiques aux États-Unis (plus de 500 000 personnes ont manifesté leur opposition à ces propositions), l'échec d'une entente suspecte, l'Accord multilatéral sur l'investissement (AMI), grâce aux protestations organisées à l'échelle mondiale, ainsi que l'abandon du projet de loi canadien sur la qualité de l'air (digne des romans d'Orwell) après que le public et les médias se sont rendu compte qu'il s'agissait en fait d'une recette pour aggraver la pollution de l'air.

Une des difficultés qu'affrontent les écologistes réside dans le fait que l'appui du public est large mais peu profond. Lorsqu'il est question de lois plus vigoureuses pour améliorer la qualité de l'air et de l'eau et protéger les espèces menacées, la majorité des citoyens sont d'accord. Mais c'est une majorité silencieuse. Par contre, la minorité bruyante qui s'oppose à une protection plus ferme de l'environnement a généralement des intérêts à faire valoir et n'hésite jamais à se faire entendre. C'est pourquoi Londres, Washington, Ottawa, Canberra et des capitales régionales et provinciales partout dans le monde fourmillent de lobbyistes d'entreprises grassement rémunérés qui rencontrent régulièrement les dirigeants politiques et les fonctionnaires afin d'empêcher l'adoption de politiques écologiques.

Si chaque citoyen préconisant un climat stable, une meilleure qualité de l'air et de l'eau et un environnement plus sain prenait le temps d'envoyer chaque année une seule lettre manuscrite (une autre espèce menacée…) à ses dirigeants politiques, l'effet global serait énorme. C'est là un engagement qui nécessite moins de cinq secondes par jour. C'est donc tout à fait faisable, aussi occupé que vous soyez. Et les Canadiens n'ont pas l'excuse du coût : ils n'ont même pas à affranchir les lettres qu'ils envoient à leurs députés fédéraux !

Les gouvernements ne réagissent pas de la même façon aux différents types de correspondance qu'ils reçoivent. Les cartes postales, les lettres types et les courriels génériques ont l'impact le plus faible, tandis que les lettres manuscrites, les appels téléphoniques et les conversations personnelles produisent l'effet le plus marqué. Votre correspondance a une incidence beaucoup plus forte que vous ne le croyez. Les fonctionnaires et les dirigeants politiques savent que chaque lettre et chaque appel téléphonique reçus reflètent l'opinion de dizaines ou de centaines d'autres personnes qui n'ont pas pris le temps de leur écrire ou de les appeler.

Il faut aussi se rappeler que les dirigeants politiques et les fonctionnaires sont des êtres humains. La politesse et un geste amical occasionnel peuvent donner des résultats surprenants ! Gardez à l'esprit que vous pouvez les aider à protéger l'environnement en envoyant une simple lettre au courrier des lecteurs des journaux ou en proposant une politique issue d'une source respectée. Vous devez reconnaître qu'il est tout à fait possible que les dirigeants politiques et les fonctionnaires partagent vraiment vos idées écologiques. Des enquêtes européennes ont démontré que les citoyens tout autant que les responsables politiques préfèrent massivement disposer de moyens de transport écologiques. Pourtant, lorsque les membres de chacun de ces deux groupes ont été interrogés au sujet des préférences de l'autre groupe, seuls 41 % d'entre eux croyaient que l'autre groupe privilégiait les moyens de transport écologiques.

Lorsque vous écrivez aux dirigeants politiques, aux fonctionnaires et aux élus :
- Soyez convaincu mais poli ;
- Soyez bref (pas plus de deux pages) ;
- Écrivez aux personnes compétentes en la matière ;
- Formulez une demande claire et précise ;
- Insistez pour obtenir une réponse.

• •

Contactez vos élus

Premier ministre du Canada

80, rue Wellington
Ottawa (Ontario) K1A 0A2
Courriel : pm@pm.gc.ca
Téléphone : 613-992-4211
Télécopieur : 613-941-6900

Pour communiquer avec d'autres élus canadiens, consultez le site *http:// canada.gc.ca/directories-repertoires/direct-fra.html* ou informez-vous auprès de Democracy Watch en allant sur le site *www.dwatch.ca* (en anglais).

Premier ministre du Québec

Édifice Honoré-Mercier, 3e étage
835, boulevard René-Lévesque Est
Québec (Québec) G1A 1B4
Téléphone : 418-643-5321 ou 514-873-3411
Télécopieur : 418-643-3924 ou 514-873-6769

Président des États-Unis

1600 Pennsylvania Avenue NW
Washington, DC 20500
Courriel : president@whitehouse.gov ou comments@whitehouse.gov

Téléphone : 202-456-1111 ou 202-456-1414
Télécopieur : 202-456-2461

Pour communiquer avec d'autres élus américains, consultez les sites *www.senate.gov*, *www.house.gov* ou *www.vote-smart.org*

Modèle de lettre au sujet des changements climatiques

Monsieur (Madame) le premier ministre,

Je suis un citoyen sérieusement préoccupé par le peu d'efforts véritables que vous déployez pour prévenir les changements climatiques. Des rapports scientifiques ont clairement établi que les changements climatiques représentent actuellement le plus grave problème écologique de la planète. Notre pays présente l'un des pires bilans dans le monde en ce qui a trait à ce problème et produit beaucoup plus d'émissions par habitant que bien d'autres pays. Nous ne pouvons pas continuer à rejeter dans l'atmosphère du dioxyde de carbone et d'autres gaz à effet de serre.

J'aimerais que vous fassiez tout ce qui est en votre pouvoir pour mettre en œuvre les mesures suivantes :

1. Imposer une taxe sur tous les combustibles fossiles et consacrer les revenus tirés de cette taxe à l'élaboration et à l'adoption rapides de sources d'énergie renouvelables.

2. Établir des limites strictes concernant les émissions de dioxyde de carbone d'origine industrielle.

3. Appliquer les normes les plus sévères du monde en ce qui a trait à l'efficacité énergétique des véhicules, des édifices et de tous les produits de consommation qui utilisent de l'énergie.

De telles politiques se sont avérées fructueuses, sur les plans écologique et économique, dans d'autres pays industrialisés occidentaux, dont la Norvège, le Japon et l'Allemagne.

J'aimerais beaucoup recevoir une réponse écrite contenant votre opinion au sujet de ces propositions. Je vous remercie de votre attention.

Nom

Adresse

• •

On peut aussi se faire entendre autrement qu'en communiquant avec le gouvernement. Vous pouvez dire à des entreprises pourquoi vous refusez d'acheter leurs produits et les exhorter à adopter des mesures écologiques. Vous pouvez expliquer à vos amis, parents, coéquipiers, voisins, coreligionnaires et collègues de travail ce que vous avez appris sur diverses questions écologiques. Songez à l'impact qu'aurait chaque personne qui s'engagerait à sensibiliser deux autres personnes au sujet d'une question écologique spécifique, puis chacune de ces personnes qui ferait de même, etc. Si deux personnes s'engageaient à agir ainsi le premier jour du mois, que quatre personnes faisaient de même le deuxième jour, etc., alors plus d'un milliard de personnes seraient sensibilisées à cette question spécifique à la fin du mois.

Faites du bénévolat

Les bénévoles au Canada consacrent chaque année plus de deux milliards d'heures de leur temps à diverses causes, ce qui équivaut à environ un million d'emplois à temps plein. Toutefois, moins de 1 % de ces bénévoles accordent leur temps à des groupes écologistes. La situation est la même aux États-Unis, tandis qu'en Australie 2,5 % des heures de bénévolat sont dédiées aux causes écologiques. Au Royaume-Uni, de 4 % à 8 % des bénévoles œuvrent pour la protection de l'environnement.

Le bénévolat au sein d'un groupe écologiste peut se révéler une expérience extrêmement satisfaisante. La plupart des groupes écologistes n'ont pas d'employés rémunérés et comptent sur la générosité des bénévoles, ce qui signifie que les possibilités d'agir sont abondantes. Assistez à quelques réunions de différents groupes pour voir si vous avez des affinités avec les participants et si vos compétences peuvent être mises à contribution de façon optimale. Des groupes locaux offrent souvent la possibilité d'acquérir une expérience pratique, que ce soit le nettoyage de rivières à saumons ou la rédaction d'un bulletin. Vous pouvez effectuer un travail qui paraîtrait avantageusement dans votre curriculum vitæ. Vous aurez aussi l'occasion de passer une partie de votre temps à l'extérieur et de rencontrer des gens intéressants. Bien sûr, quel que soit le domaine que vous choisissez pour faire du bénévolat, votre degré de participation est fonction de votre situation personnelle. Si vous êtes un étudiant ou un citoyen du troisième âge, vous avez peut-être le loisir d'agir bénévolement de façon régulière. Si vous disposez de peu de temps libre, vous pouvez participer à des activités annuelles, comme le nettoyage d'une plage ou d'un parc public. Dans tous les cas, votre contribution est importante.

On trouve sur Internet maintes possibilités de bénévolat écologique ici ou ailleurs dans le monde. Vous en verrez quelques exemples dans les sites *www.volunteer.ca, http://benevolat.greenpeace.ca* ou, aux États-Unis, *www.idealist.org.* Au Québec, allez sur le site de la Fédération des centres d'action bénévole du Québec *(www.fcabq.org),* qui regroupe les différents centres de la province. Il est également possible de faire du bénévolat au sein d'une organisation politique locale ou nationale. Il est étonnamment facile de participer au processus électoral si vous optez pour l'une ou l'autre des actions suivantes :

• Adhérez à un parti politique. Présentez des propositions, au niveau local ou national, en faveur de politiques et de pratiques écologiques vigoureuses.
• Faites du bénévolat pour un candidat qui propose un solide programme écologique.
• Aidez une organisation non gouvernementale dans ses efforts visant à influencer le programme écologique d'un candidat ou d'un parti.

Inspiration

Un mouvement d'action locale s'est récemment propagé comme un feu de prairie au Canada. Son but : endiguer les menaces pour la santé et l'environnement que constitue l'épandage inutile de pesticides. Aiguillonnées par les efforts fougueux qu'ont déployés des résidants locaux, surtout des bénévoles, plus de 125 municipalités canadiennes et l'Assemblée nationale du Québec ont adopté des normes qui restreignent l'utilisation de pesticides. Des fabricants de produits chimiques ont contesté la validité de ces lois devant les tribunaux, mais la Cour suprême du Canada les a finalement confirmées, affirmant au passage que « notre avenir commun, celui de toutes les collectivités canadiennes, est lié à la présence d'un environnement sain », dont la protection incombe à tous les gouvernements, municipaux, provinciaux et fédéral. Le mouvement ne s'arrêtera pas tant que tous les Canadiens ne bénéficieront pas de lois et de règlements qui donnent la priorité à la santé des enfants plutôt qu'à des pelouses exemptes de pissenlits.

Donnez

À l'exception de quelques organismes bien financés, la plupart des groupes écologistes ont de la difficulté à poursuivre leurs activités d'une année à l'autre. Si 85 % des Canadiens font des dons à des organismes de charité, seules 2 % des sommes versées vont à des groupes écologistes. La proportion est sensiblement la même aux États-Unis, alors que, au Royaume-Uni et en Australie, de 3 % à 5 % des dons individuels et moins de 1 % des dons provenant d'entreprises servent à la protection de l'environnement.

Malgré un sous-financement chronique, les écologistes remportent de nombreuses victoires importantes grâce à leurs efforts incessants pour l'amélioration de la qualité de l'air et de l'eau, une gestion des ressources plus efficace et la protection de l'extraordinaire biodiversité offerte par la nature. Les dons de citoyens soucieux de l'environnement constituent l'assise financière de la plupart des groupes écologistes. Voici quelques suggestions à l'intention des personnes voulant apporter leur appui financier à la cause écologiste :

• Donnez la priorité à quelques groupes qui vous inspirent du respect.

- Faites un don échelonné sur 12 mois. Cela procure aux groupes concernés une source de revenus stable qui facilite leur planification financière et stratégique. Même un versement mensuel de 10 $ est le bienvenu.
- Donnez des actions, des obligations et des biens fonciers, et vous bénéficierez d'importants avantages fiscaux.
- Inscrivez dans votre testament un legs écologique.

Inspiration

Au milieu des années 1990, des écologistes futés ont décidé de rebaptiser une belle région côtière sauvage de la Colombie-Britannique, autrefois dénommée Mid Coast Timber Supply Area, et de l'appeler Great Bear Rainforest. Après une dizaine d'années d'efforts concertés et soutenus par les Premières Nations de la région, y compris des boycottages, des pétitions, des manifestations et du lobbying, un accord historique a été signé en 2007. Cet accord a délimité plus d'une centaine d'aires protégées couvrant quelque deux millions d'hectares et a imposé de sévères mesures de contrôle concernant l'extraction des ressources situées sur des terres d'une superficie totale d'environ huit millions d'hectares supplémentaires. L'accord a ceci d'unique que les écologistes et le gouvernement provincial ont accepté de financer, à hauteur de 60 millions chacun, tant la gestion de la conservation que des entreprises écologiquement durables dans la région. Des dizaines de vallées forestières abritant des saumons, des loups, des grizzlys, des ours noirs et de rares ours Kermode (au pelage blanc) sont maintenant protégées contre toute menace d'exploitation forestière ou minière et d'autres activités industrielles.

Participez à des activités communautaires

Il n'y a pas d'autres limites que celles de l'imagination en matière d'activités communautaires destinées à stimuler la sensibilisation écologique, à réduire notre empreinte écologique collective et à exercer des pressions sur les gouvernements et les entreprises en faveur de l'environnement. En voici quelques exemples :

• Des fêtes de quartier qui durent toute la fin de semaine, pendant lesquelles les rues du quartier sont fermées aux véhicules motorisés.

• Des activités de financement telles que des ventes de plats maison, des tirages, des courses à pied ou des marchethons, des ventes de garage collectives, des collectes de bouteilles vides ou des projets de recyclage de téléphones cellulaires.

• Des conférences à la bibliothèque de quartier, au collège ou à la salle communautaire.

• Des forums sur le transport propre ou l'aménagement vert du quartier.

• Le nettoyage du quartier ou d'autres projets de restauration écologique.

• Une fête au jardin communautaire.

• Un défilé pour le Jour de la Terre (22 avril).

• Des activités liées à la Journée de l'air pur, à la Journée des rivières, à la Journée des océans, à la Journée sans achat, à la Journée sans voiture ou à la Semaine sans télé.

Si vous en avez le temps et l'envie, vous pouvez même aider à organiser des activités de ce genre. En plus de vous amuser, vous allez rencontrer plein de gens intéressants et apprendre des choses qui vont vous surprendre.

Boycottez un produit ou une entreprise

Nous votons pour des entreprises en achetant leurs produits plutôt qu'en déposant un bulletin de vote. Le boycottage vise à atteindre certains objectifs en persuadant les gens de ne pas appuyer une entreprise ou un pays. C'est un outil puissant pour sensibiliser la population aux impacts de politiques ou de pratiques nuisibles pour l'environnement, à des violations des droits de la personne ou à des conditions de travail inacceptables. Le boycottage des autobus municipaux organisé par Martin Luther King à Montgomery (Alabama) a été un événement marquant à l'époque de la lutte pour les droits civils. Le boycottage des raisins lancé par Cesar Chavez dans les années 1960 et poursuivi par les Travailleurs unis de l'agriculture (United Farm Workers) aux États-Unis, le boycottage de Nestlé par suite de sa commercialisation inappropriée du lait pour nourrissons dans les pays en développement, le boycottage de l'Afrique du Sud en raison du régime d'apartheid dans ce pays : toutes ces initiatives ont eu pour effet de changer l'attitude du public, les pratiques commerciales et l'histoire politique. Des dirigeants d'entreprises reconnaissent même qu'un boycottage est la meilleure arme à la disposition des consommateurs.

La campagne menée contre ExxonMobil, la multinationale du pétrole, offre un bon exemple de boycottage qui connaît un grand succès. Ce boycottage a été lancé par 18 groupes écologistes, dont Greenpeace, le Sierra Club et le Natural Resources Defense Council, afin d'amener la société pétrolière à cesser de s'opposer aux réductions obligatoires des émissions de gaz à effet de serre et de financer de faux travaux scientifiques qui nient les changements climatiques en cours. Si vous voulez organiser un boycottage, téléchargez l'excellent *Boycott Organizer's Guide* (Guide de l'organisateur d'un boycottage) offert gratuitement par Co-op America sur le site *www.boycotts.org* (en anglais seulement).

Choisissez une carrière verte

Les possibilités de travailler dans le domaine de l'écologie n'ont jamais été aussi nombreuses et diversifiées qu'aujourd'hui. Au Canada, plus d'un demi-million de personnes occupent un emploi vert et plus de 100 000 organisations comptent dans leurs rangs au moins un employé œuvrant dans le domaine de l'écologie. En 2005, l'industrie verte aux États-Unis employait 1,6 million de personnes, et sa valeur globale s'élevait à 265 milliards de dollars. Les industries présentes dans le domaine de l'énergie solaire et éolienne connaissent une croissance annuelle de 20 % à 30 % dans le monde et ont créé, en Allemagne seulement, plus de 130 000 emplois depuis une dizaine d'années.

L'ampleur et la portée des défis écologiques à relever sont telles que, quelles que soient vos compétences, vous pouvez les mettre à contribution dans le domaine de l'écologie. Parmi les options traditionnelles figure l'occupation d'un emploi au sein d'un groupe écologiste, d'une entreprise verte, d'un gouvernement ou d'un organisme international. Il y a également des professions émergentes dans le domaine : courtier en émissions polluantes, ingénieur et chimiste en biomimétisme (qui cherchent à imiter des merveilles de la nature telles que la photosynthèse ou la soie d'araignée), coordonnateur en durabilité et architecte vert. Si vous aimez le droit, il existe des bureaux d'avocats spécialisés en droit de l'environnement ainsi que de grands cabinets d'avocats ayant une division spécialisée en écologie, mais vous pouvez aussi accrocher votre propre enseigne et proposer vos services en environnement. Si vous êtes jardinier, sachez que les autorités municipales qui s'efforcent d'embellir leur ville sans recourir aux pesticides ont besoin de vous. Si vous êtes animé par un vif esprit d'entreprise, trouvez une façon d'ajouter une valeur d'utilité sociale à vos profits. Des possibilités de travail écologique attendent les enseignants, les médecins, les scientifiques, les spécialistes en politiques publiques, les agriculteurs, les architectes, les bâtisseurs, les nutritionnistes, les agents de voyages, les responsables politiques, les vendeurs, etc. Les premières étapes consistent à se renseigner sur ces possibilités et à s'informer auprès d'une personne qui fait déjà le travail qui vous intéresse.

Investissez de manière éthique

Beaucoup de personnes par ailleurs sensibles à l'écologie investissent dans des actions, des obligations et des biens fonciers peu conformes à des valeurs écologiques. Souvent, les investisseurs apportent leur appui financier à des entreprises qui font des ravages partout sur la planète. Heureusement, le domaine des investissements socialement responsables est aujourd'hui en pleine croissance, qu'il s'agisse de fonds mutuels éthiques, de programmes gérés par des établissements financiers aux visées progressistes, etc. Les investissements socialement responsables s'appuient sur une analyse financière traditionnelle, mais ils intègrent d'autres facteurs : la viabilité écologique, les conditions de travail, les droits de la personne et la gouvernance d'entreprise. Au Canada, les placements socialement responsables ont crû à un rythme fulgurant, passant de 65 milliards en 2004 à 504 milliards en 2006. Aux États-Unis, le montant total des investissements socialement responsables, qui était de 639 milliards en 1995, a atteint 2 290 milliards en 2005, ce qui représentait 10 % de tous les fonds gérés par des professionnels. Les investissements éthiques suscitent un engouement analogue en Australie et au Royaume-Uni.

L'investissement socialement responsable comprend trois éléments principaux :

1. *La sélection.* Il s'agit d'évaluer ses investissements potentiels en fonction de critères sociaux et écologiques (par exemple, le respect des droits de la personne, le respect des lois relatives à l'environnement, le caractère sécuritaire et utile des produits et services concernés).

2. *L'activisme.* Les moyens de pression des actionnaires comprennent la présentation de résolutions, le vote par procuration et d'autres moyens d'influer sur les politiques et les décisions du conseil d'administration. C'est ce genre d'activisme qui a amené de nombreuses entreprises à se retirer de l'Afrique du Sud pour protester contre l'apartheid.

3. *L'investissement communautaire.* Le capital est investi dans des collectivités négligées par les services financiers traditionnels, de sorte qu'elles ont désormais accès au crédit, à la propriété, à du capital et aux produits bancaires essentiels qui leur faisaient défaut. Les programmes de microcrédit qu'ont mis sur pied Mohammed Younous, lauréat du prix Nobel de la paix en 2006, et la banque Grameen sont un exemple remarquable d'investissement communautaire.

L'investissement socialement responsable vous permet d'harmo-niser vos objectifs financiers avec vos valeurs personnelles. De plus, inves-tir dans des entreprises socialement et écologiquement responsables peut donner un rendement plus élevé que l'investissement traditionnel. L'analyse détaillée d'une cinquantaine d'études a établi l'existence d'un lien « universellement positif » entre le rendement social et écologique et le rendement financier d'une entreprise. L'indice social Domini 400 (États-Unis) et l'indice social Jantzi (Canada) ont tous deux donné un rendement supérieur aux grands indices boursiers depuis leur créa-tion (en 1990 et 2000, respectivement). Des sites Internet comme *www.investissementresponsable.com* constituent d'excellentes sources d'infor-mation en matière d'investissements socialement responsables. Consul-tez également le site de l'Association canadienne pour l'investissement responsable *(www.socialinvestment.ca)*. Vous pouvez aussi simplement choisir une banque ou une caisse populaire socialement et écologique-ment responsable.

Réclamez des politiques pour sauver la planète

La modification volontaire des comportements individuels a beaucoup d'importance, mais des lois et des politiques publiques sont tout aussi nécessaires pour inciter ou obliger tout un chacun à agir sur un mode durable. Les pressions exercées par des individus, que ce soient une dizaine ou des millions d'entre eux, ont apporté des changements encou-rageants dans les politiques relatives à l'environnement, et ce, à l'échelle locale, régionale, nationale et internationale. Dix politiques ayant déjà obtenu du succès dans l'une ou l'autre des régions du monde devraient être imitées partout :

1. Proposer une vision audacieuse d'un avenir viable.
2. Remplacer les combustibles fossiles par des sources d'énergie renou-velables.

3. Travailler à instaurer une économie sans déchets.

4. Imposer le remplacement des produits chimiques nocifs.

5. Établir des normes écologiques strictes et en augmenter régulièrement la sévérité.

6. Utiliser la force du marché : pénaliser les activités nuisibles à l'environnement et favoriser les options propres, au moyen de mesures fiscales et de subventions.

7. Planifier des communautés vertes et dynamiques.

8. Promouvoir une alimentation saine.

9. Faire du savoir écologique une des assises du système d'éducation.

10. Mesurer les progrès de la société à l'aune de facteurs vraiment importants, et pas seulement en fonction du produit intérieur brut.

1. Proposer une vision audacieuse d'un avenir viable

Une des initiatives les plus stimulantes pour une collectivité consiste à proposer une vision mobilisatrice à long terme pour un avenir viable, ainsi qu'un plan détaillé pour concrétiser cette vision. En 1998, la Suède a adopté une loi définissant de grands objectifs écologiques à atteindre dans l'espace d'une génération (environ 25 ans). Un air propre, des nappes phréatiques de bonne qualité, un environnement non toxique, une grande diversité d'espèces végétales et animales et de majestueux paysages de montagne : autant d'objectifs qui remportent l'adhésion générale dans ce pays. On a également fixé des objectifs spécifiques à court et à moyen terme afin que la Suède continue d'aller de l'avant en la matière ou identifie des domaines qui ont été négligés. Chaque année, un comité d'experts fait le bilan des progrès accomplis.

La Suède est clairement un chef de file mondial dans la recherche d'un avenir viable. En 2006, les émissions de gaz à effet de serre en Suède étaient inférieures de 7,2 % à leur niveau de 1990, ce qui signifie que ce pays est allé au-delà de l'engagement qu'il avait pris dans le cadre du protocole de Kyoto. La Suède a fortement réduit ses émissions de dioxyde de soufre (la principale cause des pluies acides), son utilisation de pesticides hautement toxiques et le volume des déchets qu'elle envoie dans les sites d'enfouissement.

Par ailleurs, le Forum économique mondial place la Suède devant les États-Unis, le Canada, l'Australie et le Royaume-Uni du point de vue de la capacité concurrentielle purement économique.

2. Remplacer les combustibles fossiles par des sources d'énergie renouvelables

Par rapport à notre dépendance destructive envers les combustibles fossiles, le recours à des sources d'énergie renouvelables comporte plusieurs avantages :
• Des effets minimes sur le climat, l'environnement et la santé, plutôt que des conséquences négatives massives.
• L'approvisionnement permanent en énergie, plutôt que la disparition graduelle des resources.
• La répartition équitable des ressources, plutôt que la concentration du pétrole, du gaz naturel et du charbon dans quelques pays.
• La baisse constante des prix (grâce à la production en série et aux améliorations technologiques), plutôt que leur instabilité croissante.

Grâce à leurs politiques novatrices, l'Allemagne et le Japon sont des chefs de file dans le domaine de l'énergie renouvelable. L'Allemagne a adopté une loi, appelée « loi du tarif adapté », qui oblige les fournisseurs d'énergie à acheter à prix fort, pour une période déterminée, de l'électricité provenant de sources renouvelables. Cette loi garantit les investissements effectués, soutient toutes les technologies viables favorisant les sources d'énergie renouvelables et est largement considérée comme le meilleur moyen de stimuler la croissance de ces sources d'énergie. L'Allemagne est l'un des trois pays les plus avancés au monde en ce qui a trait à la production d'énergie solaire et éolienne, et elle atteindra ses objectifs du protocole de Kyoto. Selon Stefan Dietrich, porte-parole d'une entreprise solaire allemande, « le tarif adapté a tout changé : c'est aussi simple que ça ». Les tarifs adaptés sont maintenant présents dans la plus grande partie de l'Union européenne et dans plus de 40 pays.

Dans les années 1990, l'Allemagne et le Japon ont lancé des programmes massifs pour l'aménagement de toits solaires. Ces programmes prévoient le versement de subventions aux consommateurs afin que l'électricité d'origine solaire puisse concurrencer les sources d'énergie traditionnelles. Le gouvernement japonais a ensuite réduit graduellement le montant de ces subventions, à mesure que les coûts des systèmes photovoltaïques d'énergie solaire ont baissé. Il les a finalement abolies en 2005, lorsque l'énergie solaire est devenue aussi accessible que les autres sources d'électricité. Tant le Japon que l'Allemagne sont maintenant des leaders mondiaux en matière d'énergie solaire et peuvent compter sur des centaines de milliers de toitures solaires efficaces. Pour sa part, le gouverneur de la Californie, Arnold Schwarzenegger, a promulgué en 2006 la loi du « million de toits solaires » qui établit un budget de trois milliards de dollars pour l'atteinte de cet objectif d'ici 2018.

3. Instaurer une économie sans déchets

Deux lois européennes récemment adoptées mettent de l'avant une approche révolutionnaire et efficace pour éliminer la production de déchets. La première définit le concept de « responsabilité prolongée des producteurs », en vertu duquel les fabricants sont tenus de reprendre leurs produits (véhicules motorisés, appareils électroniques, ordinateurs, etc.) lorsque les consommateurs n'en veulent plus.

Cette loi stipule qu'il incombe dorénavant aux manufacturiers de redéfinir leurs produits et leurs procédés de fabrication afin d'éliminer complètement la production de déchets et la pollution. Par exemple, 95 % (en poids) des composantes des voitures devront être recyclables ou réutilisables d'ici 2015.

La deuxième loi impose l'élimination des substances dangereuses, dont le mercure, le plomb, le cadmium et les ignifuges toxiques, qui sont présentes dans les produits de consommation. En somme, ces deux lois concrétisent la démarche révolutionnaire « du berceau au berceau » décrite au chapitre premier, selon laquelle tout produit doit être réutilisable, recyclable ou biodégradable sans risque. Puisque l'Europe constitue un énorme marché pour de très nombreux produits, ces lois ont une incidence à l'échelle mondiale.

4. Imposer le remplacement des produits chimiques nocifs

L'utilisation de produits chimiques industriels et la présence de sous-produits des combustibles fossiles sont liées à l'apparition de nombreuses maladies chroniques, dont le cancer, des troubles neurologiques (comme la maladie de Parkinson et la maladie d'Alzheimer), des maladies cardio-vasculaires, des maladies respiratoires et des troubles de la procréation. La démonstration claire des effets négatifs de ces produits sur la santé a incité la Suède à adopter le principe de substitution, en vertu duquel les entreprises doivent remplacer les produits chimiques dangereux par des produits de rechange plus sûrs dès que ceux-ci deviennent disponibles. Le principe de substitution a maintenant force de loi dans toute l'Europe.

L'Europe a déjà imposé la substitution de produits plus sûrs à des centaines de produits dangereux encore utilisés en Australie, aux États-Unis, au Canada et dans d'autres pays du monde, y compris :
- Les pesticides (comme l'atrazine, le 1,3-dichloropropène et la perméthrine) ;
- L'amiante, un produit cancérigène mortel ;
- Les phtalates présents dans les cosmétiques, les jouets et d'autres produits pour les enfants ;
- Les nonylphénols présents dans les produits nettoyants ;
- Les ignifuges bromés qui perturbent le système hormonal.

Inspiration

La chaîne H&M, détaillant de vêtements et de cosmétiques qui a plus de
1 300 magasins dans 28 pays, est un partisan déclaré du principe de substitution. Elle a volontairement éliminé la vente de produits contenant les
produits chimiques et les métaux lourds dangereux suivants : les ignifuges
bromés, les éthoxylates alkylo-phényliques, le polychlorure de vinyle, les
organostanniques, les colorants azoïques, le bisphénol A, les phtalates,
l'antimoine, le mercure, le plomb et de nombreux hydrocarbures aroma-
tiques chlorés. Selon un porte-parole de l'entreprise, « nous avons
constaté que presque tout est possible lorsqu'on a établi des principes
directeurs clairs pour définir ce qui est inacceptable ».

5. Établir des normes écologiques strictes et en augmenter régulièrement la sévérité

Établir et appliquer des normes sévères constitue un excellent moyen
d'accomplir des progrès écologiques. Les pays riches doivent adopter
des normes de construction de bâtiments à énergie zéro, des normes de
construction de véhicules à zéro émissions et des règles d'efficience maximale pour la fabrication de produits de tout type, allant des ampoules
électriques aux réfrigérateurs. Le Royaume-Uni envisage de modifier
son code national du bâtiment afin que, d'ici 2016, la construction ne
produise plus aucune émission de dioxyde de carbone. Le Japon est
renommé pour sa loi dite « Top Runner », qui détermine les produits les
plus écoénergétiques et oblige tous les fabricants à se conformer, après un
certain temps, à la norme la plus stricte concernant ces produits. Depuis
l'adoption de cette loi, les normes écoénergétiques japonaises sont parmi
les plus sévères au monde en ce qui a trait à divers produits, des véhicules
aux réfrigérateurs. Selon l'Agence internationale de l'énergie, la consommation d'électricité au Canada et aux États-Unis pourrait diminuer
de 24 % en sept ans grâce à la mise en œuvre de politiques écoénergé-

tiques plus vigoureuses. Une telle diminution préviendrait l'émission de 322 millions de tonnes de dioxyde de carbone, ce qui équivaut à enlever 100 millions de voitures de la circulation, et représenterait un « coût négatif » pour les consommateurs, c'est-à-dire que ces derniers feraient des économies nettes.

L'imposition de normes écoénergétiques strictes implique que les produits les plus énergivores et les plus polluants soient interdits. Certains États ont déjà restreint ou interdit la vente de produits ayant une empreinte écologique inutilement grande, comme les ampoules à incandescence, les sacs de plastique et les appareils de chauffage énergivores. Certaines villes ont également interdit l'emploi d'appareils bruyants et fonctionnant à l'essence, tels les souffleurs de feuilles, les tondeuses à gazon et les motomarines.

6. Utiliser la force du marché

Les entreprises, les individus et les États qui polluent ou gaspillent les ressources n'assument pas les coûts des dommages écologiques qu'ils causent. Deux mesures peuvent être prises pour décourager les pollueurs et les spoliateurs de la nature : redéfinir le champ d'application de certaines taxes et subventions pour prévenir les actions nuisibles, et promouvoir des solutions de rechange durables. En diminuant les impôts sur la masse salariale et les investissements et en pénalisant la pollution et le gaspillage, les États pourraient restructurer l'économie sur des bases écologiques et économiques saines. Les pays européens ont déjà balisé la voie à suivre en appliquant des mesures fiscales contre la pollution et l'emploi de pesticides et de produits chimiques toxiques. Les taxes sur le carbone revêtent maintenant une importance cruciale en raison du caractère urgent de la crise climatique. Elles envoient un signal puissant en faveur d'une meilleure utilisation de l'énergie et du recours croissant à l'énergie propre. Ainsi, parce qu'elles ont pour effet de hausser le prix de l'essence et du diesel, elles incitent clairement les consommateurs à acheter des véhicules plus économes en essence ou à adopter le transport en commun, le vélo ou d'autres options vertes. Des taxes sur le carbone sont déjà en vigueur dans plusieurs pays européens, dont la Norvège, la Suède, la Finlande, la France et l'Italie.

Les gouvernements pourraient prévenir beaucoup de dommages écologiques s'ils cessaient de rendre artificiellement peu coûteuses certaines activités destructrices. Les subventions annuelles accordées à l'industrie de l'énergie totalisent des milliards de dollars. Par rapport aux sommes consacrées aux combustibles fossiles, les subventions allouées à l'exploitation des sources d'énergie renouvelables ne représentent que des miettes. Des océanographes estiment que si les États n'accordaient plus aucun financement à la pêche en haute mer, une pratique très dommageable pour les milieux marins, celle-ci ne serait bientôt plus économiquement viable. Certaines subventions nuisibles bénéficient aussi directement à des individus plutôt qu'à des entreprises. Ainsi, aux États-Unis, les véhicules les plus voraces en essence, tels que les véhicules utilitaires, les camions et les fourgonnettes, échappent à la taxe fédérale de 7 000 $ imposée aux véhicules énergivores. Les centaines de milliards de dollars de subventions qui encouragent des activités nuisibles à l'environnement devraient être réorientés pour favoriser plutôt l'exploitation de sources d'énergie renouvelables, la construction d'immeubles et de véhicules ne produisant ni dioxyde de carbone ni émissions polluantes, la fabrication de produits du berceau au berceau et la production d'aliments biologiques locaux.

7. Planifier des communautés vertes et dynamiques

L'étalement urbain est à l'origine de toute une flopée de problèmes écologiques, sociaux et économiques. La solution à ces problèmes se trouve dans une croissance réfléchie et dans l'application de principes de développement et d'aménagement du territoire qui privilégient l'amélioration de la qualité de vie, la protection de l'environnement et la diminution des coûts de l'énergie et des infrastructures. La croissance réfléchie met l'accent sur une augmentation de la densité de la population urbaine, assure

un développement mixte associant les vocations commerciale et résidentielle, donne la priorité au transport en commun, au vélo et à la marche,
et veille à la protection des espaces verts, des sites naturels et des terres
agricoles. Grâce à la mise en œuvre des principes de la croissance réfléchie,
les quartiers urbains sont sûrs, attrayants, pas trop chers, pratiques et
agréables. Puisqu'il est essentiel de rendre le transport en commun plus
intéressant pour les citadins, voici quelques suggestions en ce sens :
• Améliorer le service et la fiabilité.
• Donner la priorité aux autobus sur les voies de circulation.
• Abaisser ou même supprimer les tarifs du transport public.
• Instaurer des taxes d'encombrement, des péages routiers, des taxes sur
  l'achat de véhicules et sur les carburants, ou en hausser le montant lorsqu'elles sont déjà en vigueur.
• Éliminer les subventions cachées en faveur des véhicules privés (comme
  le stationnement gratuit).

   La croissance réfléchie est efficace. Dans des quartiers denses et bien
pourvus en services comme North Beach, à San Francisco, les distances
parcourues lors des déplacements automobiles sont inférieures de 75 % à
ce qu'elles sont dans les banlieues. L'application des principes de la croissance réfléchie à la construction résidentielle aux États-Unis se traduirait
par des économies de 2 000 milliards de dollars au cours des dix prochaines années, comparativement à ce que coûterait la construction résidentielle traditionnelle. Ces économies découleraient de la baisse du
nombre de véhicules privés en circulation, de la diminution des déplacements en voiture et de la réduction des coûts de l'énergie.

8. Promouvoir une alimentation saine

Jusqu'à maintenant, les efforts déployés en faveur d'un régime alimentaire
sain ont été anémiques, en plus d'être submergés par le raz-de-marée
publicitaire pour la promotion des aliments vides. Dans certains pays, les

pouvoirs publics ont commencé à réagir : la malbouffe y est interdite dans les écoles, des ingrédients particulièrement nocifs, comme les acides gras trans, y ont été supprimés, et la publicité destinée aux jeunes enfants en est bannie. Mais il reste encore beaucoup à faire. Un large éventail de politiques doivent être mises en œuvre pour qu'on passe des régimes actuels, malsains et écologiquement destructeurs, à des choix alimentaires nutritifs et durables.

Tout d'abord, les États devraient abolir l'aide financière accordée aux cultures vivrières traditionnelles, à l'élevage de bétail et à la production d'organismes génétiquement modifiés (OGM). Ils devraient plutôt subventionner l'agriculture biologique et les cultures locales. Les revenus tirés de taxes imposées sur les aliments vides serviraient à la promotion d'aliments sains. Ils pourraient aussi contribuer à rendre l'étiquetage alimentaire plus transparent, dans la mesure où on y retrouverait une information précise sur la taille des portions, le pays d'origine, les effets nuisibles pour la santé, la présence d'OGM et le bilan de CO_2. À l'instar de plusieurs pays européens, le Canada, les États-Unis et d'autres pays industrialisés devraient bannir tant l'usage d'antibiotiques pour accélérer la croissance animale que l'ajout d'arsenic à l'alimentation des poulets.

Un autre élément essentiel de la promotion d'une alimentation saine consiste à s'assurer que les enfants consomment des aliments nutritifs et viables. Les cantines scolaires devraient offrir des repas de grande qualité comprenant le maximum d'aliments biologiques locaux et peu de viande. L'Académie de pédiatrie des États-Unis estime que « la publicité destinée aux enfants est fondamentalement trompeuse et leurre les enfants âgés de moins de huit ans ». En 1991, la Suède a d'ailleurs interdit toute publicité télévisée destinée aux enfants âgés de moins de 12 ans. Pour sa part, le Royaume-Uni a banni en 2007 la publicité télévisée portant sur des aliments et des boissons riches en matières grasses, en sucre ou en sel et diffusée pendant des émissions destinées aux enfants âgés de 4 à 9 ans, et il a élargi cette interdiction l'année suivante. Toute publicité portant sur des aliments vides et qui est destinée aux enfants devrait être interdite partout dans le monde.

9. Faire du savoir écologique une des assises du système d'éducation

La majorité des citoyens dans de nombreux pays industrialisés sont peu ou pas informés sur les questions écologiques. Plus d'un Américain sur sept croit que les océans sont une source d'eau douce et seulement 12 % des Américains réussiraient un test simple sur la consommation d'énergie. En Australie, des études ont montré que la plupart des enseignants du primaire sont illettrés en matière d'écologie, n'ayant reçu aucune formation dans le domaine de l'environnement. Les pays où le savoir écologique est le plus diffusé présentent les meilleurs bilans en matière d'environnement, tandis que les pays ayant les pires taux de diffusion présentent les pires bilans. Depuis quelques années, les budgets déjà faibles consacrés au savoir écologique ont été réduits dans de nombreuses régions des États-Unis et du Canada. L'Ontario, par contre, constitue un modèle depuis qu'il a intégré le savoir écologique dans tous les cours, à tous les niveaux scolaires, conformément aux recommandations détaillées d'un groupe d'experts dirigé par Roberta Bondar, astronaute canadienne. Pour sa part, l'Australie a publié un document stratégique inspirant, intitulé *Education for a Sustainable Future* (« Éducation pour un avenir viable »), qui donne les grandes lignes d'un programme national de sensibilisation à l'écologie, à l'intention des écoles australiennes.

Les enfants d'aujourd'hui sont les citoyens de demain, et ils vont hériter d'un monde qui aura à relever des défis écologiques complexes, à l'échelle tant locale que mondiale. Il est essentiel non seulement que tous les enfants sachent lire et écrire, mais aussi qu'ils comprennent d'où provient leur eau potable, où vont leurs déchets et comment se déploient des processus comme les changements climatiques. Les personnes bien informées sur l'environnement sont beaucoup plus susceptibles de pratiquer le recyclage, d'éviter les pesticides et d'économiser l'énergie à la maison. On estime que le fait d'augmenter la conscience écologique de la majorité des citoyens américains se traduirait par une diminution de quelque 75 milliards de dollars des dépenses annuelles en énergie, en eau et en soins de santé. De plus, des études indiquent que les enfants inscrits à un programme de sensibilisation à l'écologie obtiennent de meilleurs résultats en lecture, en écriture, en mathématiques et en sciences. La sensibilisation à l'écologie devrait être une matière obligatoire des programmes d'enseignement, et ce, de la maternelle jusqu'à la fin des études secondaires.

10. Mesurer les progrès de la société à l'aune de facteurs vraiment importants

Un article paru récemment dans *The Economist* souligne que le produit intérieur brut (PIB), qui représente la mesure la plus courante du succès d'un pays, « est un mauvais indicateur du bien-être économique d'un pays ». Le PIB ne prend pas en compte plusieurs des facteurs que les individus valorisent le plus, comme la confiance, le respect, le sens de la communauté, la qualité de l'air, la qualité de l'eau, la beauté et la compassion. Mais il y a pire encore : le PIB confère un caractère positif au crime, au cancer, à la destruction de l'environnement et à la guerre, parce qu'il comptabilise les dépenses consacrées à la justice pénale et au travail policier, aux soins de santé, aux travaux de nettoyage résultant des marées noires, à la réhabilitation des sites de déchets dangereux ainsi qu'aux forces armées nationales.

Le Canada, le Royaume-Uni et l'Australie font présentement l'essai de mesures plus globales, comme l'indice de progrès véritable, dans le but d'évaluer plus justement la situation sociale, économique et écologique. L'indice de progrès véritable incorpore des données sur la santé, les loisirs, le bénévolat, la répartition des revenus, la qualité de l'air et de l'eau et des dizaines d'autres facteurs. Le Japon et la Suisse ont intégré la notion d'empreinte écologique dans leur système de comptabilité nationale afin de mieux suivre les progrès accomplis vers un avenir viable. Dans le royaume bouddhiste du Bhoutan, le premier objectif national consiste à accroître le bonheur de la population, mesuré à l'aide d'un indice de bonheur national brut. Des évaluations du bonheur indépendantes ont révélé que la démarche du Bhoutan est fructueuse : malgré un revenu annuel par habitant ne dépassant pas 2 000 $, les Bhoutanais sont plus heureux que les Américains et les Canadiens. Du fait qu'elle oriente la société dans une nouvelle direction, la mesure de ce qui compte vraiment pour les citoyens pourrait avoir une incidence révolutionnaire.

En résumé

En ce qui concerne maintes questions abordées dans le présent ouvrage, vous serez peut-être déçu de constater que votre option préférée n'est pas disponible ou est hors de votre portée financière. Par exemple, il se peut que l'électricité produite dans votre région provienne exclusivement d'une centrale thermique au charbon ou que le coût de l'énergie verte y soit extrêmement élevé. C'est là une situation inacceptable. L'énergie verte et d'autres options écologiques devraient être à la disposition de tous à un prix concurrentiel. La seule façon de régler le problème des options non disponibles ou trop onéreuses consiste à exercer votre pouvoir de citoyen.

Les politiques décrites dans le présent chapitre ont besoin d'un coup de pouce. Demandez à vos représentants élus de définir un processus pour la mise en œuvre d'un avenir viable. Exhortez tous les paliers de gouvernement à amorcer le virage vers les sources d'énergie renouvelables. Donnez votre appui aux entreprises « qui ont compris » et qui s'efforcent de réduire au minimum leur empreinte écologique. Exercez des pressions sur les gouvernements et les entreprises pour qu'ils suppriment la pollution et la production de déchets.

Nous vivons dans des sociétés démocratiques où votre vote, votre voix et vos choix peuvent avoir un impact très marqué. Il est peut-être plus facile de jeter l'éponge et de regarder *Star Académie* ou une autre émission de télévision abrutissante, que d'œuvrer activement pour un avenir meilleur. Efforts et courage sont nécessaires pour défendre vos convictions. Selon le prix Nobel de la paix Aung San Suu Kyi, opposante birmane démocratiquement élue et ayant passé à ce jour treize années en détention, le courage comporte trois volets :

1. le courage de prendre connaissance des faits réels et de ce qui est important.
2. le courage de ressentir.
3. le courage d'agir.

Si vous avez poursuivi votre lecture jusqu'ici, vous avez déjà manifesté le premier aspect du courage tel que l'a défini Aung San Suu Kyi. N'abandonnez pas ! Votez. Faites du bénévolat. Faites des dons. Prenez la parole. Reconsidérez votre carrière et votre portefeuille de placements. Prenez conscience du fait que votre action aura un impact réel. Votre vote pourrait modifier le résultat d'une élection. Vos dons pourraient aider un groupe écologiste à remporter une bataille. Votre lettre pourrait ouvrir les yeux d'un responsable politique ou amener une entreprise à redéfinir ses pratiques. Votre opinion pourrait inciter des membres de votre famille, des amis et des collègues à changer certaines habitudes. Vos achats pourraient aider une entreprise verte à s'établir solidement. Votre participation pourrait être essentielle au succès d'un projet de restauration écologique dans votre quartier. C'est le moment d'agir. Pensez comme un jardinier. Ayez confiance dans les graines que vous semez. Bien qu'elles semblent minuscules, les graines peuvent donner des plantes extraordinaires qui produisent toutes sortes de merveilles, allant des fleurs aux fruits. Plus vous déploierez d'efforts dans le jardinage ou l'action verte, plus votre récolte sera abondante et variée.

CHAPITRE 7

Vivez heureux, vivez durable

Étudiez la nature, aimez la nature, demeurez près de la nature. Elle vous sera toujours fidèle.

FRANK LLOYD WRIGHT

Les changements climatiques, l'appauvrissement de la biodiversité et la pollution sont des problèmes redoutables, mais il existe des solutions. Nous possédons la technologie, les valeurs et les moyens nécessaires pour préparer un avenir viable, mais nous devons agir maintenant pour que les problèmes d'aujourd'hui ne deviennent pas les catastrophes de demain. L'apparition d'immeubles verts, de véhicules à émissions nulles et de produits « du berceau au berceau » ainsi que le zéro déchets sont des événements extrêmement réjouissants. Des immeubles et des quartiers à énergie zéro sont en cours de construction au Canada, aux États-Unis et en Europe. La fabrication de véhicules à zéro émissions va de l'avant. Le zéro déchets est un objectif que partagent un nombre croissant de personnes, d'entreprises, de villes, de régions et de pays. De plus en plus de produits, des couches aux chaises de bureau, sont fabriqués conformément aux principes du berceau au berceau, de sorte qu'ils sont désormais complètement recyclables, réutilisables ou biodégradables. Chaque année, le taux de croissance de l'énergie solaire et éolienne fracasse le record établi l'année précédente. Ces changements remarquables forment un îlot d'espoir dans l'océan des nouvelles déprimantes. Chacun de nous peut contribuer à faire avancer la société vers un avenir viable en parlant des possibilités stimulantes qui émergent, en exigeant des lois et des politiques qui en accélèrent la diffusion et en faisait l'effort de réduire au minimum sa propre empreinte écologique. Chacun de nous peut faire en sorte que la promesse d'un avenir viable pour nos enfants et nos petits-enfants ne soit pas une illusion.

Passez plus de temps dehors

Passer plus de temps dans la nature est une des choses les plus faciles et, paradoxalement, les plus importantes que vous puissiez faire pour réduire votre empreinte écologique. Le rapprochement avec la nature fera de vous un meilleur gardien de la planète. Vous tirerez divers bienfaits physiques et psychiques à travailler dans votre potager, à en déguster les produits frais, à admirer les arbres petits et grands, à sentir les fleurs, à écouter le chant des oiseaux ou la musique du vent, à sentir la chaleur du soleil ou le contact de la pluie sur votre peau ou à vous émerveiller devant la lune, les étoiles et les nuages.

Plus vous passerez de temps à l'extérieur et plus vos liens avec la nature seront étroits, plus il y a de chances que vous vous sentiez heureux. Le contact avec la nature apporte toutes sortes de bienfaits pour la santé, y compris une espérance de vie sensiblement prolongée, une diminution du stress et de l'anxiété et un rétablissement plus rapide en cas de maladie. Les personnes qui maintiennent des liens étroits avec la nature se caractérisent par une autonomie, une vitalité, un épanouissement personnel, une acceptation de soi, des sentiments positifs et une motivation personnelle plus prononcés. Il semble également qu'elles soient plus productives et qu'elles éprouvent une plus grande satisfaction au travail.

Passer du temps à l'extérieur revêt une importance cruciale pour les enfants en particulier. Non seulement jouer dehors est une source de plaisir et d'exercice, mais cela aide aussi les enfants à développer leurs habiletés cognitives et motrices.

Une cour d'école dotée de nombreux éléments naturels (arbres, herbe, jardin, etc.) offre plus de possibilités d'apprentissage et favorise des changements de comportement positifs chez les élèves, dont une atténuation de l'agressivité.

Voici quelques suggestions d'activités pour vous rapprocher de la nature à peu ou pas de frais :

- Marchez, courez et faites du vélo ou du canot dans un cadre naturel.
- Empruntez à la bibliothèque un livre sur votre milieu naturel local et apprenez à reconnaître les espèces d'animaux et de plantes qui y vivent. Cherchez à savoir quelles espèces vivaient dans votre région il y a mille ans.
- Faites une visite guidée d'un écosystème local en compagnie d'un biologiste, d'un écologiste ou d'un naturaliste.
- Adhérez à un groupe local de défense des parcs ou à un groupe écologiste et participez à leurs excursions.
- Faites régulièrement des pique-niques dans un parc, à la plage ou dans votre cour.
- Suspendez une mangeoire à oiseaux près d'une fenêtre de votre maison et apprenez à reconnaître les diverses espèces présentes dans votre région.
- Suivez des cours en vue de pratiquer une nouvelle activité extérieure, comme le kayak de mer ou le jardinage.
- Faites une randonnée pédestre d'une journée ou une descente de rivière en canot pneumatique pendant une fin de semaine.
- Organisez des vacances autour d'un site naturel, comme un parc national.
- Créez un habitat naturel dans votre cour, autour de votre patio ou sur votre balcon, en y plaçant de l'eau et de la nourriture et en y aménageant un abri (exemple : plantez des arbres indigènes ou faites pousser des plantes à fleurs pour attirer des espèces animales de votre région comme des papillons ou des colibris).
- Aménagez un jardin ou un potager dans la cour de l'école du quartier afin que les enfants apprennent à aimer les différentes petites créatures qui s'y retrouveront.

Inspiration

Meredith, ma fille âgée de deux ans, me fait voir tous les jours l'importance d'être près de la nature. Elle a toujours aimé passer beaucoup de temps dehors. Que ce soit pour marcher jusqu'à la plage, jouer dans la boue ou se promener et observer les chevreuils, les otaries, les aigles ou les fourmis, les moments que nous passons ensemble dans la nature sont à la fois enchanteurs et instructifs.

Un soir où les étoiles brillaient de tous leurs feux, nous sommes sortis sur notre terrasse pour mieux écouter un bruit inhabituel. Nous ne pouvions pas les voir, mais c'étaient des loutres qui s'accouplaient ou qui se battaient. Meredith s'est tournée vers moi, a souri et m'a dit : « Papa, les étoiles chantent ! »

D. R. B.

Récupérez du temps

Beaucoup de personnes disent que, si elles ne font pas plus d'activités extérieures ou d'autres choses qu'elles aiment, c'est parce qu'elles sont trop occupées. De fait, les Américains ont une semaine de travail plus longue que celle des citoyens de tout autre pays industrialisé. En 2006, un Américain moyen a travaillé 1 804 heures durant l'année, soit 370 heures de plus qu'un Allemand moyen, ou l'équivalent de 10 semaines de travail de plus (ou de *congé* de plus, si on est allemand…). Les Canadiens suivent les Américains de près, avec une moyenne de 1 738 heures de travail par année. Si vous avez peu de temps libre à cause du travail ou d'autres obligations, alors vous êtes plus susceptible de vous déplacer en voiture plutôt qu'en autobus ou en vélo, de manger mal plutôt que de préparer des repas nutritifs, et d'acheter des produits mal conçus ou même toxiques (parce que vous n'avez pas le temps de réunir l'information). Les personnes ayant peu de temps libre ne peuvent pas en consacrer à des activités qui créent un sentiment de bien-être, comme les rencontres avec des amis, les passe-temps et les activités communautaires.

Nombreux sont ceux qui travaillent toujours plus afin d'accumuler de l'argent et des biens matériels. Pourtant, il est démontré qu'il s'agit d'une quête illusoire, qui n'apporte aucun bien-être véritable tout en minant cela même qui rend la vie belle. Le sentiment de bonheur des Américains n'a cessé de décliner depuis 1957, bien que leurs revenus aient plus que doublé (en termes réels). Ce n'est pas une coïncidence si, depuis 1957 justement, le taux de divorce a doublé, le taux de suicide chez les adolescents a plus que doublé et la fréquence des troubles mentaux a grimpé en flèche. Les spécialistes des sciences sociales ont confirmé ce qu'une foule de personnes avaient déjà compris intuitivement : le bonheur ne découle pas de la richesse matérielle, mais bien des relations, de la vie communautaire, d'un sentiment de confiance et du fait d'avoir un but dans la vie. Les activités les plus susceptibles de créer un sentiment de bonheur — comme le temps passé en famille ou avec des amis, les activités extérieures, les sports, la musique, la littérature, la danse, le théâtre ou toute autre démarche artistique, des passe-temps créatifs et l'éducation permanente — ont généralement une empreinte écologique modeste. Notre recommandation finale est donc la suivante : récupérez une partie du temps que vous consacrez au travail, à la télévision et au magasinage, et accordez-vous ce temps pour aller dehors ou faire d'autres activités que vous aimez vraiment.

Inspiration

Mon père a été mon mentor et un grand ami. En 1994, il savait qu'il allait mourir bientôt. Ma mère était décédée dix ans plus tôt. C'était son tour d'affronter la mort, mais il ne souffrait pas et n'éprouvait aucune crainte en approchant de sa fin. Je me suis installé chez lui pour le réconforter durant le dernier mois de sa vie. Chaque soir, mon épouse et ma famille venaient le voir pour lui donner des gâteries, regarder des diapositives et évoquer de beaux souvenirs. Mes sœurs sont arrivées durant la dernière semaine et nous étions tous et toutes près de lui lorsqu'il a rendu l'âme. Au cours de ces derniers jours de sa vie, nous avons autant ri que pleuré en nous remémorant de joyeux souvenirs au sujet d'un homme qui avait été si important dans notre vie. Pendant tout ce temps, il n'est pas arrivé une seule fois que nous évoquions un plaisir rattaché à une voiture, à une maison ou à un vêtement du passé. Nous avons uniquement parlé de la famille, des amis, des voisins et des choses merveilleuses que nous avions faites ensemble. C'est là, et non dans les biens matériels, que se trouvent les vraies sources de la joie et du bonheur dans la vie.

D. S.

Grand sourire, petite empreinte

Pourquoi le bonheur est-il important d'un point de vue écologique ? Parce que les personnes heureuses sont plus sensibles à la nécessité de protéger l'environnement. Elles donnent généralement la priorité à l'épanouissement personnel, aux relations avec autrui et à l'action communautaire, plutôt qu'à l'argent et aux biens matériels. De même, elles sont souvent plus à l'écoute d'elles-mêmes, c'est-à-dire qu'elles ont une perception plus juste de leurs émotions et de leurs comportements, y compris des conséquences écologiques de leurs actes. Nous pouvons posséder moins de choses, mais en tirer une plus grande satisfaction. Nous pouvons réduire nos émissions de dioxyde de carbone et avoir plus de plaisir dans la vie. Nous pouvons effectuer des déplacements plus courts et apprécier davantage les périples de la vie. Nous pouvons passer plus de temps à apprécier la nature et moins à la détruire. Nous pouvons manger des aliments biologiques produits localement et être en meilleure santé. Nous pouvons vivre dans une maison plus petite mais confortable et en faire un véritable chez-soi. Nous pouvons aménager des quartiers plus denses qui offrent plus d'espaces verts pour l'activité physique, le jeu et la détente. La clé, c'est de mettre l'accent sur la qualité, pas sur la quantité.

Le lien entre le bonheur et l'empreinte écologique est aussi visible à l'échelle nationale. Des chercheurs ayant mis au point un « indice de bonheur planétaire » ont constaté que des pays comme le Bhoutan et le Costa Rica atteignent un haut niveau de bonheur avec une petite empreinte écologique. L'empreinte de l'Allemagne est deux fois moindre que celle des États-Unis, alors que le niveau de bien-être est semblable pour les deux pays. Mark Anielski, auteur de *The Economics of Happiness* (« L'Économie du bonheur »), en conclut ceci : « Il est tout à fait possible, pour nous qui vivons dans un pays plus riche que les autres, d'avoir à la fois une excellente qualité de vie et une empreinte écologique plus petite. »

L'existence d'un lien mutuellement bénéfique entre le bien-être personnel et le bien-être planétaire n'a rien d'étonnant pour ceux qui reconnaissent que les êtres humains font partie de la nature, mais elle est contraire à l'idée fausse, bien qu'assez répandue, selon laquelle une réduction de l'empreinte écologique entraîne une baisse du niveau de vie.

Vos actes personnels peuvent sembler n'être qu'une goutte d'eau dans l'océan, mais tout ce que vous faites a un effet d'entraînement qui en multiplie l'impact. Lorsque vous éteignez une lampe, vous économisez trois fois plus d'énergie que ce qu'aurait consommé cette lampe. Lorsque vous diminuez d'un kilo votre consommation de biens matériels, vous préservez jusqu'à 200 kilos de ressources naturelles et prévenez la production de quelque 200 kilos de déchets et d'agents polluants. Lorsque vous marchez jusqu'au travail, que vous allez en vélo au magasin ou que vous prenez des vacances plus près de chez vous, vous diminuez la pollution, vous préservez des ressources naturelles, vous faites des économies, vous améliorez votre état de santé, vous prévenez l'usure des routes et vous augmentez votre bien-être. Lorsque vous prenez un repas fait de produits bio locaux, vous appuyez l'économie régionale, vous réduisez les émissions de gaz à effet de serre, vous protégez les milieux naturels et la qualité des sols, vous êtes en meilleure santé et vous éprouvez une sensation de bien-être. Lorsque vous augmentez l'efficacité énergétique de votre maison, vous faites des économies, vous atténuez un peu la pression s'exerçant sur la planète et vous améliorez votre confort et la qualité de l'air. Lorsque vous

Sommaire des recommandations prioritaires

Résidence

- Choisissez une résidence modeste située près de votre travail, d'une école, d'un parc et d'un réseau de transport en commun.
- Faites faire un bilan énergétique de votre résidence et mettez en œuvre les recommandations écoénergétiques formulées.
- Achetez de l'électricité verte.

Alimentation

- Choisissez des aliments biologiques d'origine locale.
- Mangez plus d'aliments végétaux et moins de viande, d'œufs et de produits laitiers.

Transport

- Réduisez vos déplacements routiers et aériens et adoptez des solutions de rechange vertes (le vélo, la marche, le transport en commun, l'autopartage, le covoiturage, le télétravail et les vidéoconférences).
- Conduisez le véhicule le plus économe en essence qui satisfait vos besoins.

Biens matériels

- Adoptez nos principes directeurs en matière de consommation viable.
- Réduisez, réutilisez et recyclez (dans cet ordre).

Citoyenneté

- Votez pour des candidats favorables à l'écologie.
- Faites entendre votre voix sur les questions écologiques.
- Donnez du temps et de l'argent à des groupes écologistes.

Nature

- Passez plus de temps à l'extérieur, surtout si vous avez des enfants.
- Accordez-vous plus de temps libre.

achetez des produits verts, vous envoyez un signal au marché et le marché réagit. Lorsque vous votez pour un candidat à cause de son programme écologique, vous commencez à modifier le fonctionnement des gouvernements. L'effet d'entraînement s'amplifie à mesure que vous partagez vos expériences vécues avec votre famille, vos amis, vos collègues et vos connaissances. Et rappelez-vous que, dans un monde de 6,6 milliards de personnes, chacun de nous n'est qu'une goutte d'eau mais que, avec assez de gouttes d'eau, on peut remplir n'importe quel seau.

Lorsque nous faisons des changements à l'échelle individuelle, nous ne sommes pas seuls. De plus en plus nombreuses sont les personnes qui découvrent qu'un comportement écologique est une source d'enrichissement et non d'appauvrissement. Des millions de personnes sont membres de groupes écologistes nationaux ou internationaux, de groupes verts locaux ou de groupes communautaires favorables au développement durable. Des milliers d'autres y adhèrent chaque jour. À mesure que croît ce mouvement, il s'approche de ce qu'on appelle le point de basculement. De petits changements ayant en apparence peu ou pas d'effets sur un système s'accumulent jusqu'à ce qu'ils atteignent une masse critique. Puis, un autre petit changement s'ajoute et fait basculer le système, en produisant un effet très marqué. L'emplacement exact du point de basculement est inconnu. Toutefois, chaque personne qui se joint au mouvement pour un avenir viable nous en rapproche un peu plus. Chaque constructeur de maisons écoénergétique ou à énergie zéro nous en rapproche un peu plus. Chaque agriculteur qui produit de manière durable nous en rapproche. Chaque entreprise qui fabrique des produits et adopte des pratiques conformes aux principes du berceau au berceau nous en rapproche. Chaque politique publique qui valorise les comportements écologiques et qui interdit ou pénalise les actes destructeurs nous rapproche du point de basculement vers la révolution durable.

Malheureusement, le monde naturel se dirige peut-être aussi vers des points de basculement inconnus, à partir desquels les changements climatiques pourraient s'accélérer ou le taux d'extinction des espèces devenir exponentiel. En ce sens, nous sommes engagés dans une course contre la montre, et c'est pourquoi il est impérieux de mettre un frein dès maintenant à notre consommation et à notre production de déchets et d'agents polluants, qui ne sont pas viables.

Si nous parvenons à puiser dans notre savoir, dans les profonds réservoirs de sagesse humaine qui se sont formés depuis des milliers d'années, ainsi que dans notre incomparable faculté de prévoyance, alors nous

• •

Faire bouger les choses

Un vieil homme aimait beaucoup marcher au bord de la mer. Il marchait sur la plage tous les matins. Un jour, il voit quelqu'un bouger comme un danseur, se pencher et avancer, les bras tendus, dans les vagues. Il se réjouit à la pensée que quelqu'un danse pour célébrer la beauté du jour et le rythme des vagues. En s'approchant, il peut voir qu'il s'agit d'une jeune fille. Celle-ci ne danse pas, mais elle se penche sur le sable, ramasse quelque chose et le dépose doucement dans l'eau.

Il engage la conversation : « Bonjour ! Que fais-tu ? »

La jeune fille lui répond : « Je remets à l'eau des étoiles de mer. »

« Pourquoi ? »

« Le soleil est chaud et la marée baisse. Si je ne les sauve pas, elles vont rester sur le sable et mourir. »

« Mais il y a des kilomètres et des kilomètres de plage, avec des étoiles de mer partout. Quel impact peut bien avoir ce que tu fais ? »

La jeune fille ne lui répond pas tout de suite. Elle se penche, ramasse une autre étoile de mer et va la déposer gentiment dans l'eau. Elle regarde une vague soulever cette étoile de mer et, pendant que celle-ci s'enfonce dans l'eau protectrice, se retourne vers le vieil homme, sourit et lui répond : « Ce que j'ai fait a eu un impact pour elle. »

Il acquiesce en hochant la tête et se met à réfléchir un moment. Puis il se penche, ramasse une étoile de mer et va la déposer dans l'eau.

• •

pourrons instaurer un système viable en une ou deux générations. Sauver l'espèce humaine et d'innombrables autres espèces de la catastrophe écologique qui s'annonce constituerait la remontée la plus extraordinaire de tous les temps. Elle éclipserait la victoire du Canada contre l'Union soviétique au hockey lors de la Série du siècle en 1972 (alors que les défaites initiales laissaient peu d'espoir aux partisans canadiens), les sept victoires de Lance Armstrong au Tour de France (après que le cycliste eut combattu un cancer des testicules) et la victoire au baseball des Giants de New York en 1951 (après avoir tiré de l'arrière par 13 parties sur leurs grands rivaux de l'époque, les Dodgers de Brooklyn). Aujourd'hui, Paul Ehrlich, écologiste de l'université Stanford, affirme qu'un millier de Pearl Harbor écologiques se produisent simultanément et que nous devons organiser une riposte immédiate et planétaire.

S'appuyant sur des faits scientifiques avérés, ce guide énonce les mesures les plus importantes que vous pouvez prendre pour réduire votre empreinte écologique. Personne ne s'attend à ce que vous changiez du jour au lendemain toutes les habitudes acquises au cours de votre vie et qui contribuent à la dégradation de l'environnement. Adopter un mode de vie durable est un peu comme s'entraîner en vue d'un marathon. Il faut de la persévérance pour acquérir de nouvelles habitudes plus saines. Tout marathon commence par le premier pas. Il est préférable de commencer lentement et de s'appuyer sur les premiers succès remportés. Au bout du compte, vous serez en meilleure santé et plus heureux. Soyez plus attentif aux choix que vous faites et à leurs répercussions sur l'environnement. Songez à l'endroit où vous avez choisi de vivre, à ce que vous mangez, aux moyens de transport que vous utilisez, à votre emploi actuel, aux biens et services que vous achetez et à la façon dont vous exercez vos droits démocratiques. Réfléchissez bien à ce qui vous rend véritablement heureux. Inscrivez-vous au Défi nature David Suzuki. Sortez pour apprécier la nature. Réduisez au minimum votre empreinte écologique.

En dernière analyse, c'est vous qui choisissez. Comme l'a écrit le Dr Seuss dans son classique *The Lorax* (1971), « À moins que quelqu'un comme toi s'en soucie vraiment beaucoup, rien ne va s'améliorer. Rien. »

La crise écologique mondiale en bref

> *L'histoire de l'humanité s'apparente de plus en plus
> à une course entre l'éducation et la catastrophe.*
>
> H. G. WELLS

La population de la Terre s'élève aujourd'hui à plus de 6,6 milliards d'habitants et devrait franchir la barre des 9 milliards vers 2050. L'humain est maintenant le mammifère le plus nombreux sur la planète. Mais, contrairement aux autres espèces, notre puissance technologique, notre soif de ressources et notre économie globalisée ont fait de nous une force à l'échelle géologique. L'agriculture, le transport, l'habitation, l'industrie, les biens de consommation et les activités humaines quotidiennes exercent ensemble une pression sans précédent sur les écosystèmes de la planète. Le tissu de la vie, dont dépend notre propre avenir, est menacé par les crises reliées aux changements climatiques, à l'extinction des espèces et à la pollution.

Les changements climatiques

La Terre a la fièvre. Les activités humaines perturbent le système de régulation climatique de la planète. Les changements climatiques représentent le plus redoutable défi écologique qu'ait jamais eu à relever l'humanité. La combustion de charbon, de pétrole et gaz naturel est telle que le dioxyde de carbone présent dans l'atmosphère a maintenant atteint ses plus hauts niveaux depuis au moins 650 000 ans. L'agriculture et la déforestation (résultant de la multiplication des fermes, de la production de bois et de pâtes et papiers ainsi que de l'étalement urbain) sont d'autres grandes causes des changements climatiques.

Le débat sur la réalité ou non des changements climatiques est terminé. Onze des douze dernières années ont été les plus chaudes jamais enregistrées (depuis 1850). Les océans se réchauffent jusqu'à une profondeur d'au moins 3 000 mètres, à la surprise des climatologues eux-mêmes. Les émissions de gaz à effet de serre causées par l'humain modifient le climat de nombreuses façons : températures plus élevées, vagues de chaleur, tempêtes et autres phénomènes météorologiques extrêmes plus fréquents et plus intenses, fonte des glaces en Arctique, au Groenland et en Antarctique, recul des glaciers, dégel du pergélisol, diminution du débit des fleuves, hausse du niveau des mers, inondations, acidification des océans et sécheresses.

La dernière fois que les régions polaires de la planète ont été sensiblement plus chaudes que maintenant, il y a quelque 125 000 ans, le niveau des mers s'était élevé de 4 à 6 mètres. Un changement similaire, qui ferait des ravages indescriptibles partout dans le monde, pourrait bientôt résulter de la fonte des calottes glaciaires du Groenland et de l'Antarctique occidental. Si la plupart des scientifiques estiment qu'une telle hausse du niveau des mers pourrait s'échelonner sur plusieurs siècles, la nature même des systèmes climatiques fait en sorte que les activités humaines actuelles pourraient bien rendre inévitable une telle catastrophe. Et certains signes inquiétants laissent croire que la calotte glaciaire du Groenland fond (et commence peut-être même à glisser vers la mer) beaucoup plus rapidement que prévu. Les molécules de carbone émises dans l'atmosphère y demeurent souvent plus de 100 ans. Autant dire que notre génération allume présentement la mèche d'une bombe à retardement climatique destinée aux générations futures, sans aucun moyen de la désamorcer.

En Amérique du Nord, les effets des changements climatiques se font déjà sentir. Les forêts sont de plus en plus vulnérables aux parasites, aux maladies et aux grands feux de forêt. Il s'ensuit une déstabilisation économique de l'industrie forestière et une dislocation sociale des collectivités fondées sur l'exploitation de la forêt. L'intensification du ruissellement printanier engendre des inondations désastreuses, tandis que le débit plus faible des fleuves en été menace l'agriculture et entraîne un stress hydrique. Les vagues de chaleur sont de plus en plus fréquentes, intenses et longues. Des phénomènes météorologiques extrêmes comme l'ouragan *Katrina* deviennent plus courants. Les vecteurs de maladies infectieuses, comme le virus du Nil occidental, se transforment. Les taux de pollens allergènes sont en hausse, ce qui constitue une menace directe pour des dizaines de millions de personnes souffrant de l'asthme ou d'autres troubles respiratoires.

Alors que les pays industrialisés riches sont les principaux responsables des changements climatiques, ce sont les pays en développement, plus vulnérables et dépourvus des ressources adéquates pour s'y adapter, qui vont subir le gros de leurs effets néfastes pour la santé. Les changements climatiques sont déjà à l'origine de quelque 150 000 décès et de cinq millions de cas de maladies diverses par année, et l'Organisation mondiale de la santé prévoit que ces nombres vont doubler d'ici 2030. La diminution des décès causés par le froid dans les pays de l'hémisphère nord sera plus que compensée par l'augmentation des maladies cardiorespiratoires et des troubles diarrhéiques dans les pays en développement.

Des dizaines de millions de personnes risquent d'être déplacées de leur foyer à la suite d'inondations, ce qui donnerait lieu à une vague sans précédent de réfugiés écologiques. Plus d'un milliard de personnes feront face à des pénuries chroniques d'eau, à mesure que se modifieront les régimes des précipitations et que déclineront les volumes d'eau présentement stockés sous forme de glaciers et de neige. Le paludisme sème la mort en Afrique à des altitudes toujours plus élevées et menace maintenant des populations qui étaient autrefois à l'abri de cette maladie. On prévoit que l'aggravation des sécheresses aura sa plus forte incidence dans des régions de l'Afrique déjà frappées par la malnutrition. Les rendements agricoles dans certaines régions africaines pourraient diminuer de plus de 50 %. L'adoption graduelle des biocarburants dans les pays riches risque d'exacerber les carences alimentaires dans les pays pauvres, puisque les récoltes auparavant destinées à l'alimentation humaine servent maintenant à la fabrication de carburants pour des machines, ce qui réduit les stocks alimentaires disponibles et provoque des hausses du prix des aliments.

De 1970 à 2004, les émissions de gaz à effet de serre dans le monde ont augmenté de 70 %. En dépit des accords internationaux conclus dans les années 1990 au sujet des changements climatiques, des spécialistes estiment que ces émissions vont s'accroître de 55 à 90 % d'ici 2030. Les combustibles fossiles fournissent encore aujourd'hui plus de 80 % de toute l'énergie consommée dans le monde, et ils occuperont probablement encore cette position en 2030, malgré les efforts déployés pour réduire les émissions de gaz à effet de serre.

Le déclin de la biodiversité

La biodiversité, c'est-à-dire la richesse de la vie mesurée à l'échelle des gènes, des espèces ou des écosystèmes, s'appauvrit aujourd'hui plus rapidement qu'à toute autre époque depuis l'extinction des dinosaures, il y a 65 millions d'années. Des scientifiques estiment que les espèces s'éteignent à un rythme de cent à mille fois plus rapide que la normale et ils craignent que ce rythme ne s'accélère encore davantage au cours des prochaines décennies. Ce sont encore une fois les activités humaines qui sont la principale cause du problème. Les effets combinés de la surexploitation, de la destruction des habitats naturels, des changements climatiques, des espèces envahissantes, de l'amincissement de la couche d'ozone et de la pollution sont dévastateurs pour les espèces et les écosystèmes.

Un amphibien sur trois, un mammifère sur quatre et une espèce d'oiseau sur huit sont menacés d'extinction d'ici 100 ans. Les espèces en voie de disparition définitive comprennent certains de nos plus proches parents vivants, comme les orangs-outans, les chimpanzés et les gorilles de montagne. Créé par plusieurs organismes, dont la société zoologique de Londres et le Fonds mondial pour la nature (WWF), l'indice Planète Vivante reflète l'état des populations de plus de 1 300 espèces de vertébrés (mammifères, oiseaux, poissons, amphibiens et reptiles) qui habitent dans un écosystème terrestre, marin ou d'eau douce. De 1970 à 2007, l'indice a baissé de près du tiers de sa valeur initiale. Selon le Fonds mondial pour la nature, « cette tendance mondiale indique que nous altérons les écosystèmes à un rythme sans précédent dans l'histoire de l'humanité ».

L'*Évaluation des écosystèmes pour le millénaire* de l'ONU, une analyse détaillée de l'état de la vie sur la Terre qu'ont préparée plus de 1 300 spécialistes, s'achève par la conclusion suivante : « L'activité humaine exerce, sur les fonctions naturelle de la Terre, une pression telle que la capacité des écosystèmes de la planète à faire vivre les générations futures ne peut plus être tenue pour acquise. » Environ le quart des surfaces terrestres de la planète qui étaient à l'état sauvage sont maintenant cultivées. Des dizaines de milliards de poulets, de porcs et de bœufs élevés pour nourrir les humains occupent maintenant des terres qui formaient autrefois des habitats d'espèces sauvages. De nombreux écosystèmes — hautes prairies, forêts de séquoias, mangroves, marais — ont été presque entièrement transformés en pâturages, en terres agricoles, en plantations d'arbres, en fermes pour l'élevage des crevettes ou en banlieues résidentielles. Au moins 60 % des ressources naturelles et des écosystèmes dans le monde sont en déclin.

Jusqu'aux années 1950, on apprenait aux élèves que les océans représentent une source de protéines inépuisable. Aujourd'hui, bien que les océans recouvrent près des trois quarts de la surface de la Terre, les écosystèmes marins sont parmi les plus touchés. Les populations de grands poissons prédateurs (thon rouge, espadon, requin) ont diminué de plus de 90 %. Certains scientifiques prédisent que, si les méthodes de pêche actuelles sont maintenues, les populations de toutes les espèces de poissons faisant l'objet d'une pêche commerciale vont s'effondrer d'ici 2048. Dans un tel cas, les océans ne pourraient plus contribuer à l'alimentation d'une population humaine croissante et les écosystèmes marins seraient beaucoup moins aptes à résister aux maladies, à s'adapter à la présence d'espèces envahissantes, à filtrer les agents polluants et à se rétablir.

L'impact des changements climatiques sur la biodiversité pourrait être dévastateur. Les scientifiques constatent déjà que la ponte et la migration d'espèces d'oiseaux devient plus précoce au printemps. Les déplacements des oiseaux et l'éclosion de leurs œufs sont étroitement liés aux cycles d'alimentation et de prédation, qui sont eux-mêmes gravement perturbés par les changements climatiques. On a également constaté que les plantes et les animaux se rapprochent peu à peu des pôles et s'élèvent sur les flancs des montagnes pour demeurer à l'intérieur de leur fourchette de températures optimale. Des spécialistes prévoient que les marais côtiers, les récifs coralliens, les mangroves, les forêts tropicales et d'autres écosystèmes vitaux reculeront de façon importante. Il se pourrait bien que les ours polaires disparaissent complètement de leur habitat naturel et ne se retrouvent plus que dans les jardins zoologiques. Des milliers d'autres espèces végétales et animales vont s'éteindre — environ 30 % de toutes les espèces actuelles. Les forêts denses équatoriales, en particulier, seront durement frappées.

La pollution

Des produits chimiques toxiques à usages industriels et agricoles contaminent aujourd'hui l'organisme de tous les habitants de la Terre. Nous ne pouvons pas échapper aux rejets toxiques des industries parce que nous sommes exposés à des centaines, voire à des milliers de substances dangereuses présentes dans l'air que nous respirons, dans l'eau que nous buvons, dans les aliments que nous mangeons et dans la myriade de produits de consommation que nous utilisons. Des tests effectués sur des échantillons d'urine et de sang de citoyens américains, canadiens, européens et australiens, jeunes et vieux, en ville comme à la campagne, ont révélé la présence de métaux lourds, de pesticides, d'ignifuges, de produits antitaches et de BPC, dont beaucoup n'existaient même pas il y a 100 ans.

Même le cordon ombilical de bébés naissants aux États-Unis renferme plus de 200 produits chimiques. Ces tests mettent en relief les liens fondamentaux unissant les êtres humains et l'environnement. En dépit de nos capacités technologiques et de la perception répandue selon laquelle les êtres humains sont séparés de la nature, un fait demeure : ce que nous faisons à la planète, c'est à nous-mêmes que nous le faisons.

Le volume total des rejets de produits chimiques dans l'environnement provenant des grandes industries aux États-Unis et au Canada se mesure en milliards de tonnes par année. Par exemple, les industries américaines et canadiennes rejettent annuellement dans l'atmosphère plus de 60 000 tonnes de produits cancérigènes avérés ou probables (y compris du styrène, du benzène et du formaldéhyde). Elles déversent aussi chaque année plus de 700 tonnes de produits cancérigènes avérés ou probables (comme du plomb, du chloroforme et du tétrachlorure de carbone) dans les fleuves, les rivières, les lacs et d'autres nappes d'eau. Plus de 50 000 tonnes de produits chimiques causant des troubles de la procréation ou du développement (y compris le toluène, le mercure et le sulfure de carbone) sont rejetés dans l'environnement chaque année. Ces statistiques donnent le vertige. Pourtant, les bases de données d'où elles proviennent ne traitent que d'une petite partie des produits chimiques toxiques que l'industrie nord-américaine utilise. Et encore, il s'agit là de données consignées par les entreprises mais non vérifiées par un organisme indépendant. Les écoulements agricoles, les écoulements urbains, les PME et les véhicules motorisés rejettent dans l'environnement des millions de tonnes de produits toxiques supplémentaires. Les armoires de la plupart des maisons contiennent des dizaines de produits chimiques nocifs susceptibles d'aboutir dans les égouts et les sites d'enfouissement. Malgré toutes les promesses et tous les communiqués de presse des gouvernements et des entreprises annonçant un virage vert, nous continuons à considérer l'environnement comme un dépotoir sans fond.

Des gens paient pour cette insouciance. L'exposition aux risques écologiques est une importante cause de décès et de maladies partout dans le monde. Selon l'Organisation mondiale de la santé, un quart des décès et des maladies dans le monde sont attribuables à des problèmes écologiques. Les agents de contamination rejetés dans l'environnement peuvent causer le cancer, altérer les systèmes immunitaire, respiratoire, cardiovasculaire, reproducteur, hormonal et nerveux, provoquer des anomalies congénitales, entraver le développement normal des enfants et susciter des troubles neurologiques. Les enfants sont particulièrement vulnérables : un tiers des maladies et des blessures que subissent les enfants en Europe résultent de facteurs écologiques.

Parmi les problèmes de santé découlant de risques écologiques, on retrouve près de deux millions de décès par année dans les pays pauvres qui sont causés par des troubles diarrhéiques liés à la consommation d'eau insalubre et à l'absence d'installations sanitaires adéquates. La pollution de l'air intérieur, attribuable surtout à la combustion de carburants à des fins de chauffage et de cuisson, provoque la mort de près de deux millions de personnes par année. Quant à la pollution de l'air extérieur que causent les véhicules motorisés, la production d'énergie et l'activité industrielle, elle est à l'origine d'un million de décès supplémentaires par année. L'exposition au plomb entraîne des centaines de milliers de décès dans le monde annuellement et entrave le développement d'au moins un tiers de tous les enfants du monde. On estime que les empoisonnements résultant de l'exposition aux pesticides et à d'autres produits chimiques toxiques sont à l'origine de quelque 355 000 décès par année. Au total, le nombre des décès évitables résultant de l'exposition à des risques écologiques s'élève à au moins 15 000 par jour, soit 625 personnes par heure, ou encore 5 personnes pendant le temps que vous avez pris pour lire le présent paragraphe. La plupart des victimes sont des enfants.

De bonnes nouvelles

Toutes les tendances écologiques ne sont pas négatives. Le plus grand succès écologique de récente mémoire est celui de la protection de la couche d'ozone. La production et l'utilisation des chlorofluorocarbones et des autres produits chimiques néfastes pour l'ozone, au cours du XXe siècle, ont constitué une grave menace pour le maintien de la vie sur Terre. La couche d'ozone de la stratosphère absorbe une grande partie du rayonnement ultraviolet nuisible qui provient du Soleil. À la fin des années 1980, des scientifiques estimaient que, si l'amincissement de la couche d'ozone s'accentuait autant qu'on le prévoyait alors, les personnes vivant sous certaines latitudes ne pourraient plus aller dehors sans risquer de développer un cancer de la peau. Heureusement, la mise en œuvre du protocole de Montréal sur les substances qui appauvrissent la couche d'ozone a eu pour effet que l'utilisation et le rejet de ces substances ont diminué de plus de 95 % en Amérique du Nord et de plus de 80 % dans le monde. Le protocole stipulait que les pays riches devaient agir les premiers et réduire massivement leur production de ces substances. En 2007, soit 20 ans après la signature du protocole, les États signataires ont accepté d'accélérer l'élimination des derniers produits chimiques appauvrissant la couche d'ozone. Les experts prévoient que la couche d'ozone se rétablira graduellement au cours du prochain siècle.

De belles et vastes régions ayant une importance cruciale pour la préservation de la biodiversité ont été transformées en parcs ou en réserves fauniques dans de nombreux pays, où elles sont désormais à l'abri de l'exploitation minière ou forestière et d'autres activités industrielles destructrices. Des centaines de millions d'hectares ont été sauvegardés, y compris de spectaculaires trésors écologiques comme le complexe de préservation de l'Amazonie centrale au Brésil (dont le Parc national Jau), les trois fleuves parallèles du Yunnan en Chine, la Grande Barrière de corail en Australie, les îles Galápagos et différents parcs situés dans les montagnes Rocheuses, depuis Yellowstone jusqu'au Yukon.

La société est en train de supprimer quelques-uns des produits chimiques les plus toxiques jamais inventés. La convention de Stockholm sur les polluants organiques persistants vise particulièrement ceux qu'on appelle les « douze salopards », dont les dioxines, les furanes et les BPC.

La plupart des pays ont interdit l'essence au plomb, qui a altéré le développement de millions d'enfants dans le monde durant le XXe siècle.

Des négociations internationales sont en cours dans le but de faire cesser l'utilisation d'autres substances nocives, dont le mercure et un groupe d'ignifuges appelés polybromodiphényléthers, qui s'accumulent rapidement dans les milieux naturels et le lait maternel. Dans les pays occidentaux, les taux de la plupart des agents de pollution de l'air ont diminué, et de grands pas ont été faits pour régler le problème des pluies acides.

Les bonnes nouvelles ne s'arrêtent pas là. La production d'énergie solaire et éolienne est en plein essor et d'autres percées technologiques pointent à l'horizon. Les ventes d'aliments organiques et d'origine locale vont croissant. Celles des véhicules hybrides écoénergétiques s'accélèrent. Toutes ces options écologiques croissent plus vite en popularité que leurs versions traditionnelles. Mais ces tendances, aussi positives soient-elles, ne contrebalancent pas toutes les mauvaises nouvelles sur les changements climatiques, le déclin de la biodiversité et la pollution. Comme Ronald Wright l'a écrit dans sa *Brève histoire du progrès*, « notre dernière chance pour réussir l'avenir, c'est maintenant ».

Ressources

*Les ouvrages marqués d'un astérisque sont en français. Les sites marqués d'un astérisque sont en français ou comportent une version française, complète ou partielle.

CHAPITRE 1 • RALLIEZ-VOUS À LA RÉVOLUTION DURABLE

Livres

Boyd, D. R., *Sustainability Within a Generation: A New Vision for Canada*, Vancouver, David Suzuki Foundation, 2004.

*Cardinal, F., *Le Mythe du Québec vert*, Québec, Voix parallèles, 2007.

*Collectif, *L'Environnement. Comprendre le fragile équilibre de la vie sur terre*, Montréal, Québec Amérique, 2006.

*Hawken, P., A. Lovins et L. H. Lovins, *Natural Capitalism. Comment réconcilier économie et environnement*, Paris, Scali, 2008.

*Lafrance, G., *Vivre après le pétrole : mission impossible ?*, Québec, Multi-Mondes, 2007.

*Lipietz, A., *Qu'est-ce que l'écologie politique ? La grande transformation du XXIe siècle*, Paris, La Découverte, 2003.

McDonough, W., et M. Braungart, *Cradle to Cradle: Remaking the Way We Make Things*, New York, North Point Press, 2002.

* Mousseau, N., *Au bout du pétrole. Tout ce que vous devez savoir sur la crise énergétique*, Québec, MultiMondes, 2008.

* Roussopoulos, D., *L'Écologie politique*, Montréal, Écosociété, 2005.

* Suzuki, D., et H. Dressel, *Enfin de bonnes nouvelles*, Montréal, Boréal, 2007.

* Trudel, J.-S., *Arrêtons de pisser dans de l'eau embouteillée*, Montréal, Éditions Transcontinental, 2007.

* Wackernagel, M., et W. Rees, *Notre empreinte écologique*, Montréal, Écosociété, 1999.

Internet

*Centre québécois d'action sur les changements climatiques : www.changementsclimatiques.qc.ca

Ecogeek : www.ecogeek.org

* Environnement Canada : www.ec.gc.ca

* Fondation David-Suzuki : www.davidsuzuki.qc.ca

* Fonds mondial pour la nature : www.wwf.ca (sections en français)

Global Footprint Network : www.globalfootprint.org

GreenBlue Institute : www.greenblue.org

Green Communities Association : www.gca.ca

* Greenpeace Canada : www.greenpeace.org/canada

* Nature Québec : www.naturequebec.org

Net-zero Energy Home Coalition : www.netzeroenergyhome.ca

Oxfam Canada : www.oxfam.ca

* Oxfam Québec : www.oxfam.qc.ca

* Redefining Preogress *(Quelle est la taille de votre empreinte écologique ?)* : www.myfootprint.org

* Réseau québécois des groupes écologistes : www.rqge.qc.ca

Treehugger : www.treehugger.com

Zero Waste International Alliance : www.zwia.org

CHAPITRE 2 • UNE MAISON VERTE

Livres

* Dupuy, G., *Habitat sain et écologique,* Montréal, Éditions Québécor, 2008.

Gauley, W., et J. Koeller, *Maximum Performance Testing of Popular Toilet Models: A Cooperative Canadian and American Project,* Mississauga (Ontario), Veritec Consulting, 2008. Régulièrement mis à jour. Gratuit sur www.cwwa.ca

* Geet Ethier, M., *Ménage vert. Se faciliter la vie en la protégeant,* Montréal, Trécarré, 2008.

* Guise-Dussault, C., *Vers un habitat écologique. Ce qu'il faut savoir avant d'entreprendre la construction de sa maison,* Montréal, Éditions de Mortagne, 1992.

Johnston, J., et K. Master, *Green Remodeling: Changing the World One Room at a Time,* Gabriola (Colombie-Britannique), New Society Publishers, 2004.

* McLeish, E., *Maisons écologiques,* Montréal, Hurtubise HMH, 2007.

* *Rénovation de la maison saine,* Ottawa, Société canadienne d'hypothèque et de logement, 1999.

Scheckel, P., *The Home Energy Diet: How to Save Money by Making Your House Energy-smart,* Gabriola (Colombie-Britannique), New Society Publishers, 2005.

Stoyke, G., *The Carbon Buster's Home Energy Handbook: Slowing Climate Change and Saving Money,* Gabriola (Colombie-Britannique), New Society Publishers, 2007.

Thorne Amann, J., et A. Wilson, *Consumer Guide to Home Energy Savings: Save Money, Save the Earth,* 9ᵉ édition, Gabriola (Colombie-Britannique), New Society Publishers, 2007.

* Todd, Nancy J., *Écodesign. Des solutions pour la planète,* Montréal, Écosociété, 2007.

* Venolia, C., et K. Lerner, *Rénovation écologique. Transformer sa maison au naturel : isoler, restaurer, décorer,* Sète (France), La Plage, 2007.

Vickers, A., *Handbook of Water Use and Conservation: Homes, Landscapes, Businesses, Industries, Farms,* Amherst (Mass.), WaterPlow Press, 2001.

Wilson, A., *Your Green Home: A Guide to Planning a Healthy, Environmentally Friendly New Home,* Gabriola (C.-B.), New Society Publishers, 2006.

Wilson, A., et M. Piepcorn (dir.), *Green Building Products: The Greenspec Guide to Residential Building Materials,* 2ᵉ édition. Gabriola (C.-B.), New Society Publishers, 2006.

Internet

Conservation de l'énergie et de l'eau

* Agence de l'efficacité énergétique du Québec : www.aee.gouv.qc.ca

* Association canadienne de l'énergie éolienne : www.canwea.ca

* Centre info-énergie (Canada) : www.centreinfo-energie.com

* écoACTION (gouvernement du Canada) : www.ecoaction.gc.ca

* Energy Star : www.energystar.gc.ca

* Fonds d'action québécois pour le développement durable : www.faqdd.qc.ca

Home Energy Magazine : www.homeenergy.org

* Hydro-Québec : www.hydroquebec.com/mieuxconsommer

Natural Home Magazine : www.naturalhomemagazine.com

* Office de l'efficacité énergétique du Canada : www.oee.nrcan.gc.ca

Powerwise : www.powerwise.ca

* Ressources naturelles et faune Québec : www.mrnfp.gouv.qc.ca

* Société canadienne d'hypothèques et de logement : www.cmhc.ca

Water Conserve (portail et moteur de recherche sur l'eau) : www.waterconserve.org

Immeubles verts

* Conseil du bâtiment durable du Canada : www.cagbc.org

* Écohabitation (avec détaillants et fournisseurs de matériaux de construction écologiques) : www.ecohabitation.com

GreenSpec Directory : www.buildinggreen.com

Healthy Home Store (Ottawa) : www.thehealthiesthome.com

Light House Sustainable Building Centre (C.-B.) : www.sustainablebuildingcentre.com

CHAPITRE 3 • TROIS REPAS PAR JOUR, SANS DÉVORER LA PLANÈTE

Livres

* Davis, B., et V. Melina, *Devenir végétarien*, Montréal, Éditions de l'Homme, 1998.

* Frappier, R., *Le Guide de l'alimentation saine et naturelle*, Montréal, Maxam, 1990.

* Goodall, J., *Nous sommes ce que nous mangeons*, Arles, Actes Sud, 2008.

* Laville, E., et M. Balmain, *Un régime pour la planète. Allégez l'impact écologique de votre alimentation en 1 mois seulement*, Paris, Village mondial, 2007.

Menzel, P., et F. D'Aluisio, *Hungry Planet: What the World Eats*, Berkeley (Calif.), Material World Books et Ten Speed Press, 2005.

* Petrini, C., *Bon, propre et juste*, Gap (France), Éditions Yves Michel, 2007.

* Petrini, C., *Slow food. Manifeste pour le goût et la biodiversité*, Gap (France), Éditions Yves Michel, 2005.

Pollan, M., *The Omnivore's Dilemma: A Natural History of Four Meals*, New York, Penguin, 2006.

* Robin, M.-M., *Le Monde selon Monsanto. De la dioxine aux OGM, une multinationale qui vous veut du bien*, Paris, La Découverte, 2008.

Smith, A., et J. B. MacKinnon, *The 100-Mile Diet: A Year of Local Eating*, Toronto, Random House, 2007.

Wood, R., *The New Whole Foods Encyclopedia: A Comprehensive Resource for Healthy Eating*, New York, Penguin, 1999.

* Waridel, L., *L'Envers de l'assiette*, Montréal, Écosociété, 2003.

Internet

* Aliments du Québec : www.alimentsduquebec.com

* Association de biodynamie du Québec : www.biodynamie.qc.ca

* Cultivons biologique Canada : www.cog.ca

Eat Well Guide (listes de producteurs bio) : www.eatwellguide.org

eatwild (listes de producteurs de viande d'animaux de pâturage) : www.eatwild.com

Eau secours ! : www.eausecours.org

* Équiterre : www.equiterre.qc.ca

* Fédération d'agriculture biologique du Québec : www.fabqbio.ca

* *Guide canadien des poissons et fruits de mer*, gratuit sur www.seachoice.org

Organic Consumers Association (É.-U.) : www.organicconsumers.org

* Québec bio : www.quebecbio.com

Seeds of Change (semences et aliments bio) : www.seedsofchange.com

* Slow Food International : www.slowfood.com (sections en français)

* Union Paysanne : www.unionpaysanne.com

Jardinage

How to Start a Vegetable Garden: www.weekendgardener.net/vegetable-gardening.htm

www.gardeningknowhow.com/vegetable/organic-vegetable-gardens.htm

www.communitygarden.org

* www.jardinpotager.com

CHAPITRE 4 • VOYAGEZ SANS LAISSER D'EMPREINTE

Livres

* Bergeron, R.. *Les Québécois au volant, c'est mortel,* Montréal, Les Intouchables, 2005.

* Blanchard, M., et C. Nadeau, *Cul-de-sac. L'impasse de la voiture en milieu urbain,* Montréal, Héliotrope, 2007.

* Delisle, M.-A., et L. Jolin, *Un autre tourisme est-il possible ?,* Québec, Presses de l'Université du Québec, 2007.

* Demers, M., *Pour une ville qui marche. Aménagement urbain et santé,* Montréal, Écosociété, 2008.

Ghent, R., *Cutting Your Car Use: Save Money, Be Healthy, Be Green !,* Gabriola (C.-B.), New Society Publishers, 2006.

* Jancovici, J.-M., et A. Grandjean, *Le plein s'il vous plaît ! La solution au problème de l'énergie,* Paris, Seuil, 2007.

* Morissette, C., *Deux roues, un avenir. Le vélo en ville,* Montréal, Écosociété, 1994.

* Nicolino, F., *La Faim, la Bagnole, le Blé et Nous. Une dénonciation des biocarburants,* Paris, Fayard, 2007.

Romm, J. J., *The Hype about Hydrogen: Fact and Fiction in the Race to Save the Climate,* Washington, Island Press, 2005.

Internet

* Allo Stop : www.allostop.com

* Auto123, chroniques vertes : www.auto123.com/fr/actualites/chroniques-vertes

Autobus pédestre : www.walkingschoolbus.org, www.iwalktoschool. org

*Autos-o-ciel : www.carheaven.ca

Canadian Telework Association (télétravail) : www.ivc.ca/cta

CarSharing : www.carsharing.ca

*Communauto : www.communauto.com

Green Book de l'American Council for an Energy Efficient Economy : www.greenercars.org

Green Car Journal : www.greencar.com

Offsetters : www.offsetters.ca

*Planetair : www.planetair.ca

*Réseau de covoiturage : www.covoiturage.ca

*Transports Québec : www.mtq.gouv.qc.ca

VideoConferencing Guide : www.officevideoconferencing.com

CHAPITRE 5 • ZÉRO DÉCHETS

Livres

*Boisvert, D., *L'ABC de la simplicité volontaire*, Montréal, Écosociété, 2005.

*De Graaf, J., et D. Wann, *J'achète !*, Montréal, Fides, 2004.

Dodd, D. L., *Home Safe Home: Protecting Yourself and Your Family from Everyday Toxics and Harmful Household Products*, New York, Tarcher, 2005.

* Dominguez, J., et V. Robin, *Votre vie ou votre argent ?*, Montréal, Éditions Logiques, 2005.

* Dorion, C., *La Gestion des déchets*, Saint-Constant, Broquet, 2008.

Ettlinger, S., *Twinkie, Deconstructed: My Journey to Discover How the Ingredients Found in Processed Foods Are Grown, Mined (Yes, Mined), and Manipulated into What America Eats*, New York, Hudson Street Press, 2007.

* Gagnon, Y., *La Culture écologique pour petites et grandes surfaces*, 3ᵉ édition, Saint-Didace, Éditions Colloïdales, 2003.

* Galdel, C., *L'Écolo écono. Sauver la planète… et votre porte-monnaie*, Montréal, Les Intouchables, 2007.

* Geet Ethier, M., *Zéro toxique. Petit manuel de survie*, Montréal, Trécarré, 2008.

* Griffin, S., *Diminuez les risques du cancer. Guide du consommateur averti*, Montréal, Option consommateurs, 2008.

* Hutchison, M., *Vos déchet et vous. Un guide pour comprendre et agir*, Québec, MultiMondes, 2007.

Hollender, J., *et al.*, *Naturally Clean: The Seventh Generation Guide to Safe and Healthy Non-toxic Cleaning*, Gabriola (C.-B.), New Society Publishers, 2006.

* Klein, N., *No Logo*, nouvelle édition. Paris, J'ai lu, 2007.

* Michaud, L., *Tout sur le compost*, Québec, MultiMondes, 2007.

* Morgan, S., *Des déchets utiles !*, Montréal, Hurtubise HMH, 2006.

* Rivoli, P., *Les Aventures d'un tee-shirt dans l'économie globalisée*, Paris, Fayard, 2007.

Royte, E., *Garbage Land: On the Secret Trail of Trash*, New York, Back Bay Books, 2006.

Rubin, C., *How to Get Your Lawn and Garden Off Drugs: A Basic Guide to Pesticide-free Gardening in North America*, 2ᵉ édition, Madiera Park (C.-B.), Harbour Publishing, 2003.

Sandbeck, E., *Organic Housekeeping*, New York, Scribners, 2006.

Internet

* Alliance contre le massacre des animaux : www.massacreanimal.org

* Association des produits forestiers du Canada : www.fpac.ca

Better Basics for Nontoxic Living : www.betterbasics.com

Center for a New American Dream : www.newdream.org

Certification C2C *(Cradle to cradle)* : www.c2ccertified.com

* Conseil canadien du compostage : www.compost.org

* Conseil des appellations réservées et des termes valorisants : www.cartv quebec.com

* Écohabitation : www.ecohabitation.com

* ÉcoLogo : www.ecologo.org

* Éthiquette : www.ethiquette.ca

* Les Forêts du Canada : http://foretscanada.rncan.gc.ca

Grassroots Recycling Network : www.grrn.org

Green Guide de National Geographic : www.thegreenguide.com

Guide to Less Toxic Products, Environmental Health Association of Nova Scotia : www.lesstoxicguide.ca

Health House, de l'American Lung Association : www.healthhouse.org

No Impact Man : www.noimpactman.com

*Nova Envirocom : www.novaenvirocom.ca

*Option Consommateurs : www.option-consommateurs.org

*Recyc-Québec : www.recyc-quebec.gouv.qc.ca

*Réseau québécois pour la simplicité volontaire : www.simplicite volontaire.org

CHAPITRE 6 • CITIZEN GREEN

Livres

*Arthus-Bertrand, Y., et O. Milhomme, *Agenda utile 2009. Pour un monde durable,* Paris, Éditions de La Martinière, 2008.

*Attali, J., et Y. Arthus-Bertrand, *Voyage au cœur d'une révolution. La microfinance contre la pauvreté,* Paris, Jean-Claude Lattès, 2007.

Ausenda, F., *Green Volunteers: The World Guide to Voluntary Work in Nature Conservation,* New York, Universe, 2007.

*Bourseiller, P., *365 gestes pour sauver la planète,* Paris, Éditions de La Martinière, 2005.

*Dugas, S., *Le Pouvoir citoyen,* Montréal, Fides, 2006.

Fasulo, M., et P. Walker, *Careers in the Environment,* 3e édition, New York, McGraw-Hill, 2007.

*Goodall, J., *Le Cri de l'espoir,* Montréal, Stanké, 2000.

* Inskipp, C., *L'Eau douce en péril, un monde à préserver,* Montréal, Hurtubise HMH, 2006.

Jones, E., R. Haehfler et B. Johnson, *The Better World Handbook: Small Changes That Make a Big Difference,* Gabriola (C.-B.), New Society Publishers, 2007.

* Larbi Bouguerra, M., *Les Batailles de l'eau,* Montréal, Écosociété, 2003.

* Laville, E., et M. Balamain, *Un métier pour la planète… et surtout pour moi ! Guide pratique des carrières du développement durable,* Paris, Village mondial, 2007.

* Lemire, P., *1001 Petits Gestes pour sauver la planète,* Montréal, Éditions Québécor, 2008.

* Maathai, W., *Celle qui plante des arbres,* Paris, Héloïse d'Ormesson, 2007.

May, E., *How to Save the Planet in Your Spare Time,* Toronto, Key Porter, 2006.

* Steffen, A. (dir.), *Changer le monde,* Paris, Éditions de la Martinière, 2007.

* Suzuki, D., *Ma vie,* Montréal, Boréal, 2006.

* Suzuki, D., et H. Dressel, *Enfin de bonnes nouvelles,* Montréal, Boréal, 2007.

* Waridel, L., *Acheter c'est voter,* Montréal, Écosociété, 2005.

Internet

Action politique

* Représentation équitable au Canada : http://fairvote.ca/fr

* Sierra Club du Canada : www.sierraclub.ca

Co-op America, hébergeant gratuitement le *Boycott Organizer's Guide* :
www.boycotts.org

* Parti Vert du Canada : www.partivert.ca

Bénévolat

* Bénévoles Canada : www.volunteer.ca

Action Without Borders : www.idealist.org

* Greenpeace Canada : http://benevolat.greenpeace.ca

* Fédération des centres d'action bénévole du Québec : www.fcabq.org

* Cuso Québec (Citoyens du Monde) : www.cuso.org

Carrières en écologie

Environmental Career Opportunities : www.ecojobs.com

* ÉcoCanada, L'organisation pour les carrières en environnement :
www.eco.ca

EcoEmploy : www.ecoemploy.com

GreenBiz.com : www.greenbiz.com

* Centre canadien d'étude et de coopération internationale : www.ceci.ca

* Enviro-Compétences, Comité sectoriel de main-d'œuvre de l'environnement : www.csmoe.org

Investissement éthique

* Association Investissement responsable : www.socialinvestment.ca

* Groupe investissement responsable : www.investissementresponsable.
com

CHAPITRE 7 • VIVEZ HEUREUX, VIVEZ DURABLE

Livres

Anielski, M., *The Economics of Happiness: Building Genuine Wealth*, Gabriola (C.-B.), New Society Publishers, 2007.

*Chouinard, Y., *Homme d'affaires malgré moi. Confessions d'un entrepreneur qui veut sauver la planète*, Montréal, Éditions Transcontinental, 2007.

*Gladwell, M., *Le Point de bascule*, Montréal, Éditions Transcontinental, 2005.

Hawken, P., *Blessed Unrest: How the Largest Movement in the World Came into Being and Why No One Saw It Coming*, New York, Viking, 2007.

*Jurdant, M., *Le Défi écologiste*, Montréal, Boréal, 1994.

Kasser, T., *The High Price of Materialism*, Cambridge (Mass.), MIT Press, 2002.

McKibben, B., *Deep Economy: The Wealth of Communities and the Durable Future*, New York, Times Books, 2007.

*Layard, R., *Le Prix du bonheur. Leçons d'une science nouvelle*, Paris, Armand Colin, 2007.

Louv, R., *Last Child in the Woods: Saving Our Children from Nature-deficit Disorder*, Chapel Hill (Caroline du Nord), Algonquin, 2005.

Marks, N. *et al.*, *The (un)Happy Planet Index: An Index of Human Well-being and Environmental Impact*, Londres, New Economics Foundation, 2006.

*Mongeau, S., *L'Écosophie ou la sagesse de la nature*, Montréal, Écosociété, 2005.

Nettle, D., *Happiness: The Science Behind Your Smile*, Oxford, Oxford University Press, 2005.

*Suzuki, D., et A. McConnell, *L'Équilibre sacré*, Montréal, Boréal, 2007.

*Van der Hoff, F., *Nous ferons un monde équitable*, Paris, Flammarion, 2005.

Internet

*Fondation David-Suzuki : www.davidsuzuki.qc.ca

New Economics Foundation : www.neweconomics.org

Remerciements

Nous remercions tous ceux et celles qui, à la Fondation David Suzuki et à Greystone Books, ont contribué à la publication de ce livre, notamment Rob Sanders, Nancy Flight, Ann Rowan, Dominic Ali et Barbara Tomlin. Nous tenons également à remercier tous les collègues, amis et parents qui ont relu des parties du manuscrit et ont formulé des critiques amicales et constructives. Enfin, un merci particulier à Margot et Meredith pour leur patience tout au long des mois où David B. préparait et rédigeait ce livre et où il semblait décidé à réduire à tout prix l'empreinte écologique de sa famille.

EXTRAIT DU CATALOGUE

Mark Abley
Parlez-vous boro ?

Marcos Ancelovici et Francis Dupuis-Déri
L'Archipel identitaire

Bernard Arcand
Abolissons l'hiver !
Le Jaguar et le Tamanoir

Denise Baillargeon
Naître, vivre, grandir. Sainte-Justine, 1907-2007

Bruno Ballardini
Jésus lave plus blanc

Maude Barlow
Dormir avec l'éléphant

Maude Barlow et Tony Clarke
L'Or bleu

Thomas R. Berger
La Sombre Épopée

Gilles Bibeau
Le Québec transgénique

Gilles Bibeau et Marc Perreault
Dérives montréalaises
La Gang : une chimère à apprivoiser

James Bickerton, Alain-G. Gagnon
et Patrick J. Smith
Partis politiques et comportement
électoral au Canada

François Blais
Un revenu garanti pour tous

Mathieu Bock-Côté
La Dénationalisation tranquille

Jean-Marie Borzeix
Les Carnets d'un francophone

Gérard Bouchard et Alain Roy
La culture québécoise est-elle en crise ?

Serge Bouchard
L'homme descend de l'ourse
Le Moineau domestique
Récits de Mathieu Mestokosho,
chasseur innu

Gilles Bourque et Jules Duchastel
Restons traditionnels et progressifs

Philippe Breton
La Parole manipulée

Philippe Breton et Serge Proulx
L'Explosion de la communication
à l'aube du XXIᵉ siècle

Paule Brière
Attention : parents fragiles

Stephen Brooks et Alain-G. Gagnon
Les Spécialistes des sciences sociales
et la politique au Canada

Dorval Brunelle
Dérive globale

Luc Bureau
La Terre et Moi

Georges Campeau
De l'assurance-chômage à l'assurance-emploi

Jean Carette
L'âge dort ?
Droit d'aînesse

Claude Castonguay
Mémoires d'un révolutionnaire tranquille

Julie Châteauvert et Francis Dupuis-Déri
Identités mosaïques

Imprimé sur du papier 100 % postconsommation,
traité sans chlore, certifié Éco-Logo
et fabriqué dans une usine fonctionnant au biogaz.

MISE EN PAGES ET TYPOGRAPHIE :
LES ÉDITIONS DU BORÉAL

ACHEVÉ D'IMPRIMER EN OCTOBRE 2008
SUR LES PRESSES DE L'IMPRIMERIE GAGNÉ
À LOUISEVILLE (QUÉBEC).